名师名校名校长

凝聚名师共识
回应名师关怀
打造名师品牌
培育名师群体

愿你

温暖如春

新时代背景下的语文课

黄丹霞　钟婷　吴一思◎主编

中国出版集团　现代出版社

图书在版编目(CIP)数据

愿你温暖如春：新时代背景下的语文课 / 黄丹霞，
钟婷，吴一思主编. — 北京：现代出版社，2022.2

ISBN 978-7-5143-9684-3

Ⅰ.①愿… Ⅱ.①黄… ②钟… ③吴… Ⅲ.①小学语
文课—教学研究 Ⅳ.①G623.202

中国版本图书馆CIP数据核字（2022）第028495号

愿你温暖如春：新时代背景下的语文课

作　　者	黄丹霞　钟　婷　吴一思
责任编辑	窦艳秋
出版发行	现代出版社
地　　址	北京市安定门外安华里504号
邮政编码	100011
电　　话	010-64267325　64245264
网　　址	www.1980xd.com
电子邮箱	xiandai@cnpitc.com.cn
印　　制	北京政采印刷服务有限公司
开　　本	710mm×1000mm　1/16
印　　张	11.75
字　　数	188千
版　　次	2022年2月第1版　　2022年2月第1次印刷
书　　号	ISBN 978-7-5143-9684-3
定　　价	45.00元

目　录
CONTENTS

第三章 有情怀的语文课

1

第一章

有温度的语文课

打造温度课堂，渗透传统文化

深圳市宝安区海韵学校　陈 娟

　　小学语文学科是一门重要的基础性学科，教师将传统文化渗透在课堂教学实践中，有效发展了学生的传统文化素养，促使学生在此过程中培养自身的爱国主义情怀，提升自身的语文学科核心素养。传统文化作为我们中华民族的瑰宝，既是我们中华儿女的重要学习内容，也是我们中华儿女需要继承和发扬的民族精神。在语文学科教学中，通过渗透传统文化知识和传统文化素养，有效打造出一个有温度的语文课堂。

一、创设传统文化教学情境

　　随着科学技术的飞速发展，信息化教学技术已经被普遍地应用到各学科的课堂教学。小学语文课堂教学过程中，语文教师借助信息化教学技术，根据实际教学内容，为学生创设直观、形象的传统文化教学情境，有效活跃了语文课堂教学氛围，促使学生可以在一个有温度的课堂中进行传统文化知识的学习，进而有效提升学生的传统文化素养。以部编版小学语文教材中《忆江南》的教学为例，语文教师在课堂教学过程中通过借助多媒体教学技术，将文本中"日出江花红胜火，春来江水绿如蓝"的景象进行情境创设，同时配合相应的背景音频，为学生创设一个身临其境的课堂感受，促使学生可以更深层次地理解诗人为何会对江南念念不忘，同时加深学生体会诗人对美好生活的向往之情。再以教材中《守株待兔》一课的教学为例，语文教师借助微课教学形式，针对故事情节进行重现，有效加深学生的课堂学习印象，提高课堂的趣味性，同时让学生可以深刻地警醒自己，不能死守教条，一定要学会变通，最大化地提升语文课堂的教学有效性，进而实现传统文化教育的有效渗透和优化。

二、深挖教材内容，发扬传统文化

课堂作为传统文化渗透的主要阵地，在小学语文学科的课堂教学过程中，语文教师需要深入地挖掘语文教材内容，将其中蕴含的传统文化元素进行合理利用，充分贯彻和落实新课程改革教育要求，将教学内容与传统文化元素相互融合，整合语文课程教学资源，选取具有代表性的教材文本，利用一切可利用的资源，进行最直接、最有效的传统文化渗透教育，激发学生的传统文化学习热情，引发学生的传统文化情感共鸣，促使学生带着自己的情感进行课堂知识的学习活动，让学生在学习基础知识的同时，还可以体验和感受到传统文化的博大精深，感受其中的情感和精神价值，从而端正学习态度，树立正确的人生观和价值观，让小学语文课堂可以成为一个有温度的课堂。以部编版小学语文教材中《将相和》一课的教学为例，本篇文本选自司马迁的《史记·廉颇蔺相如列传》，文本中包含着一些单个的故事情节——"完璧归赵""渑池之会""负荆请罪"。本节课程的课堂教学开始前，语文教师可以为学生设置一些有关问题，让学生带着疑问去自主地查找有关资料，有效引发学生的自主探究欲望，促使学生可以通过独立的学习和了解来知道蔺相如是一个顾全大局、思维缜密、勇敢机智以及不计个人恩怨、胸怀天下的人，同时引导学生从蔺相如的高尚品格中受到有效启发，促使学生学习蔺相如做人处事的智慧，深刻感受蔺相如的机智与勇敢，逐步提高自身的处事能力，感受传统文化的魅力。又如，在《黄继光》一课的教学中，语文教师可以深入挖掘文本中的爱国主义精神，引导学生针对黄继光进行有效评价，从而渗透我国传统文化精髓。语文教师可以在教学过程中引导学生针对黄继光的精神进行总结，深刻体会和感受他为了国家可以不顾自己生死的舍生忘死精神。另外，语文教师在此环节可以为学生引出"舍生忘死"这一词语的出处，有效丰富学生的语文知识，开阔学生视野，同时让学生明白我国古人的创造智慧，从而高效率地达成传统文化的渗透目的。

三、延伸阅读，感受传统文化魅力

素质教育背景下，小学语文学科打造温度课堂，渗透传统文化，就需要语文教师在教学实践中积极采用多样性的教学模式，让学生在蕴含丰富多彩的传统文化课堂上进行高质量、高效率的学习活动。阅读教学作为小学语文学科教学中的一项重要组成部分，语文教师应结合阅读文本，进行课堂有效阅读的延伸活动，促使学生通过阅读传统文学名著，来深刻地感受我国传统文化的魅力。以部编版小学语文教材中《林冲棒打洪教头》一课的教学为例，语文教师在课堂阅读教学活动中，可以为学生推荐《水浒传》原著，同时利用多媒体教学技术为学生呈现这一古典名著改编电视剧的精彩片段，促使学生可以通过直观且形象的了解和认知，来感受其中所蕴含的传统文化元素，让学生有一个感性的认知，最大化地激发学生对古典名著阅读的兴趣，促使学生积极主动地参与课堂阅读延伸活动。另外，语文教师在引导学生进行课外延伸阅读时，还应鼓励学生结合自己的兴趣喜好，将文本中一些自己喜欢的优美文字段落进行摘抄，有效积累自己的文学知识储备，丰富自己的传统文化素养，让学生可以在阅读中更加深入地感受传统文化内涵，进而让学生可以更好地学习和掌握中华民族传统文化知识。

四、结语

总而言之，打造温度课堂，渗透传统文化，在小学语文学科的课堂教学过程中，语文教师应根据实际教学内容，积极打造学生喜爱的生动课堂，有效丰富语文课堂学习氛围，促进学生积极主动地参与语文课堂的学习活动。与此同时，语文教师应坚持贯彻和落实素质教育指导思想，做到与时俱进，努力转变自身教学理念，创新教学方式，积极培养和提高学生语文素养，提高学生的文化素质，促使学生在传统文化渗透教育过程中形成正确的人生观、价值观及世界观，从而实现我国优秀传统文化的发扬光大。

参考文献

［1］周益敏.传统文化在小学语文教学中的渗透浅析［J］.课外语文（下），2018（12）：175.

［2］彭传丽，陈立英.小学语文教学中的传统文化渗入研究［J］.课程教育研究，2018（38）：61-62.

［3］林雪红.渗透传统文化提高语文素养——小学语文教学中的传统文化教育简析［J］.考试周刊，2019（7）：49.

以我眼观世界，以我手写我心

——《麻雀》第二课时教学设计

深圳市宝安区海韵学校　王　群

一、教材及学情简析

本课是统编版语文教材四年级上册第五单元——习作单元的首篇，单元语文要素是了解作者怎样把事情写清楚。四年级学生已经能按一定顺序来进行写作，但要将内容写清楚却并不简单，这也是本课教学重难点之所在。课文《麻雀》中寥寥数笔便勾勒出猎狗与老麻雀相遇时的情形，作者把所见、所闻、所想巧妙地融合在一起，运用对比修辞手法衬托形象。

二、学习目标及重难点

1. 通过梳理故事起因、经过和结果，知道可以按照事情发展的顺序记事。

2. 品读句子，感知作者如何把老麻雀的无畏、猎狗的攻击和退缩写清楚。（重点）

3. 学习把看到的、听到的、想到的写下来，把事情写清楚。（重难点）

三、学习过程

（一）通读全文知脉络

（1）同学们，在前一单元《普罗米修斯》一课中，我们习得了用图示梳理人物关系的方法，请完成如下填空，厘清老麻雀、小麻雀、猎狗和"我"之间的关系（见图1）。

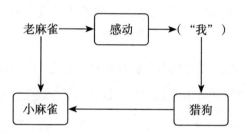

图1　老麻雀、小麻雀、猎狗和"我"之间的关系

（2）默读全文，借助示意图，说出事情的起因、经过和结果。

起因：猎狗想吃掉小麻雀。

经过：老麻雀为拯救小麻雀，准备与猎狗进行搏斗。

结果：老麻雀感动了"我"，"我"唤回猎狗。

（3）小结：同学们，要想写清楚一件事，首先要交代事情的起因、经过和结果，但是，故事要写得精彩，引人入胜，还需要呈现更多的细节，让我们再进入文本。

（二）品读词句赏写法

1. 细品老麻雀的无畏

老麻雀是故事的主角，请聚焦课文第4、5自然段，思考：你从描写老麻雀的句子中体会到了什么？画出相关词句，与同桌交流想法。

（1）预设：突然，一只老麻雀从一棵树上飞下来，像一块石头似的落在猎狗面前。

①换字。"落"能否换成"掉"？

② 对比朗读两者不同的表达效果。落叶、落花、飘落，给人的感觉是轻盈飘逸的，但"一块石头似的"却给人坚硬、坚固的感觉。

③ 在朗读中感知词语传达出来的既有老麻雀身姿体态的轻盈，又有飞扑而下如石头般的迅速与果断。体会作者用词的准确，换成其他词则没有这样的效果。

（2）预设：它挓挲起全身的羽毛，绝望地尖叫着。

① 释义。"挓挲"是什么意思？联系上下文，从"绝望"和"尖叫"中猜词义。

② 学生：可能是因为恐惧而竖起全身的羽毛。

③ 展示动物遇到袭击时的图片，以张开的羽毛这一直观形象加深学生对词语的理解。

④ 边朗读边想象画面。请你用自己的声音让老麻雀走出课文，"落"到大家面前。在朗读中交流感受，感受老麻雀的紧张、迫切……（引导学生说出独特的感受）

（3）预设：老麻雀用自己的身躯掩护着小麻雀，想拯救自己的幼儿，发出嘶哑的声音，准备着一场搏斗。

① 出示三个动词：掩护、拯救、搏斗。观察它们有什么特点？（都有提手旁）

② 提手旁的字源演变过程。

③ 思考：用表示人的动作写动物是否恰当？你怎么看待这一问题？学生交流。

④ 点拨：也许作者不再把这只麻雀当作动物来看待，它令作者肃然起敬，它的勇敢与无畏值得钦佩。（鼓励学生发散思维谈想法）

⑤ 让我们通过朗读把老麻雀的情绪与作者的情感呈现出来。

2. 再品猎狗的攻击与退缩

同学们，在细品中，一个勇敢无畏的老麻雀形象已经跃然纸上，请关注与之相对的猎狗的表现，圈画出描写猎狗的词句，自读自学后，与同桌交流你的体会，你读出了一只怎样的猎狗？

教师点拨：

（1）聚焦三个"慢"。猎狗放慢脚步—猎狗慢慢地走近—慢慢地，慢慢地后退，从三次不同形态、不同程度的"慢"，我们感受到猎狗非家犬，它们天性敏锐，攻击迅猛，训练有素。

（2）聚焦动作。细品"嗅了嗅""张开""露出"这几个连续动词，我们能感受到猎狗的凶猛与攻击。

（三）品味对比修辞手法的妙用

同学们，课文中提到是"一种强大的力量"使老麻雀产生这样的举动，这是一种什么力量？让我们对比着来看文本。

（1）一只小麻雀呆呆地站在地上，无可奈何地拍打着小翅膀。

（2）猎狗嗅了嗅，张大嘴巴，露出锋利的牙齿。

小麻雀的弱小更能衬托出猎狗的凶猛。

（3）它挓挲起全身的羽毛，绝望地尖叫着……

（4）猎狗愣住了……慢慢地，慢慢地向后退。

老麻雀的勇敢与猎狗的退缩形成了鲜明的对比，更能凸显老麻雀的形象。

小结：文中还有多处角色对比描写，在对比阅读中我们既能感受到小麻雀之于猎狗的弱小，也能感受到老麻雀之于猎狗的强大。麻雀虽小，但内心强大，这种力量就是源自父母对子女的爱。

四、创设情境用写法

（1）课文寥寥数笔便勾勒出猎狗与老麻雀相遇的情形。原来作者是写了自己看到的、听到的和想到的。我们加以梳理，以表格形式呈现出来，见表1。

表1　作者所见、所闻、所想

记录人	所见	所闻	所想
"我"	小麻雀： 老麻雀： 猎狗：	嘶哑、尖叫	一种强大的力量使它飞下来

同学们要想将事情写清楚，需要从以上这三个方面来写。

（2）创设情境：如果你是课文中的这只小麻雀，你回到家中，想把今天发生的惊心动魄的事情写进日记里。请以"惊险的一天"为题，用上习得的写作方法，写一个片段，如果你能用上表格中的词语就更好了。

（3）学生交流展示习作片段。

（4）展示下面的思维导图（见图2），帮助学生厘清思路。

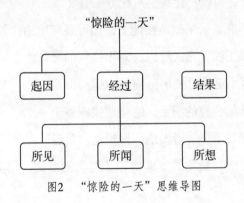

图2　"惊险的一天"思维导图

五、板书设计

16.麻雀

老麻雀（强大）

猎狗

小麻雀（弱小）

上温暖的课，做有爱的人

——《夏洛的网》整本书阅读教学设计

深圳市宝安区海韵学校　胡剑君

一、教材分析

　　《夏洛的网》是一本走过半个世纪的经典童话，比较适合小学中年级学生阅读。该书是一首生命、友情、爱与忠诚的赞歌，在美国大作家E. B. 怀特的笔下，蜘蛛夏洛编织了一张爱的大网，这张网挽救了小猪威尔伯的生命，更激起了我们心中无尽的爱与温情。

　　这本书的文字是美丽的，故事是感人的，细节是温馨的。全书结构明了，特点鲜明，风格自然简朴，笔调诙谐幽默，就像一朵美丽芬芳的花，在我们的记忆深处久久萦绕，挥之不去……因此，我要把这本蕴含着生命、爱和友谊的宝书推荐给孩子们，点燃孩子们心灵深处的一盏盏心灯，在他们人生的最早处，在书籍的浸润中，净化他们的灵魂，让他们心灵深处的爱从这里被唤醒。

二、教学目标

1. 推荐阅读《夏洛的网》，让学生初步了解作品的作者、内容及主要人物。

2. 通过聆听、观察和想象，感知角色，激发阅读兴趣。

3. 渗透初步感知整本书的阅读方法。

三、教学重点

通过聆听、观察和想象，感知角色，激发阅读兴趣。

四、教学难点

渗透初步感知整本书的阅读方法。

五、教学准备

多媒体课件。

六、教学过程

（一）创设情境，引入主题

（1）有位作家说过：能够从书架上找到自己喜欢的书是一件很棒的事，如果能够把自己喜欢的书介绍给别人，那更是一件幸福的事。今天，老师要做一个幸福的人，向大家推荐一本非常精彩的童话书——《夏洛的网》。这本书曾被誉为"二十世纪读者最多、最受爱戴的童话作品"。

（2）这节课老师就和大家交流一下，拿到一本书应该怎么去读它。

（二）初步了解，引发期待

1. 出示封面

封面好似书的眼睛，所以阅读一本书，我们最初是应当从封面开始的。试着读一读封面，看看有什么收获？（引导学生关注书名、作者、翻译者、出版社、插图等）

（1）介绍作者怀特。

（2）任溶溶先生翻译的这个版本的《夏洛的网》，自2004年5月在我国第一版印刷后，反响极其强烈，至2008年4月已是第18次印刷，印数高达476300多册。可见，这是一本深受读者喜爱的好书。

（3）读好英文部分，教师示范读，提示学生学好英文，读一读这本书的英文版，会有不一样的体会。

2. 学读"人物表"

老师刚开始读这本书的时候记不清里面的人物，总感觉他们的名字很绕口，请同学们帮我读一读（出示人物表）。

（1）请你来看看这张人物表，看谁的眼睛最尖，还能发现其他的秘密。（学生找，指出有三个人物是用红色字体）作者为什么要加粗呢？（因为这三个是最主要的人物）

（2）读一读人物的名字，并联系封面，认识主人公。（现在我们知道了小女孩叫弗恩、小猪叫威尔伯、蜘蛛叫夏洛）

3. 出示目录

目录是书本内容的高度浓缩，相当于文章的小题目，通过看目录，就能读懂一本书的主要内容，看着这本书的目录，说一说它一共由哪些小故事组成？有没有感兴趣的内容？（引导学生关注22个小标题）

小结读书方法：刚才我们通过关注书的封面、作者、人物表和目录等略读的方法，对这本书有了一个大致的了解，接下来我们一同走进书的内容，去感受一下这本书的魅力。

（三）走进作品，感知角色

1. 感受弗恩的善良

（1）出示插图一（夺斧）。要想知道这本书的内容，还得从这幅插图说起——猜猜看，这幅图后面隐藏着一个什么故事？

（2）出示插图二（喂奶，散步）。片段链接：弗恩坐在厨房……有时候，在散步……

（3）读到这里，你觉得弗恩是个怎样的孩子？

2. 感受夏洛的忠诚

（1）略读故事，初步感知。

快乐的时光总是短暂的，两个月大的威尔伯，被迫送到了朱克曼家的谷仓，在这里小猪威尔伯和蜘蛛夏洛建立了真挚的友谊，它们在这谷仓中生活得非常满足，然而，一个坏消息打破了谷仓的平静。

接下来，我们用略读的方法去阅读第七章"坏消息"，看看到底是什么样的坏消息，听到这个消息后，威尔伯的反应是什么？

师指导：不动笔墨不读书，读书要做记号，要及时地写下自己的感受。这就是批注阅读。

（2）我来演剧本。

老师觉得这一段写得很精彩，于是把它改编成了小剧本，请同学们看一看，和我们平时的文学作品有什么不一样。引导学生初步感知剧本的特点，了解什么是剧本。

全班学生分角色读一读。

请学生表演小剧本。

（3）我当配音小演员。

① 出示片段，请学生小组内比赛读一读。

② 请学生配音，教师相机评价。

③ 教师示范配音。

（四）巧设悬念，延伸阅读

（1）设问，夏洛救下威尔伯了吗？在这里，老师给大家卖一个关子，请大家自己读一读作品。

（2）这里有一段话，老师已经读过多遍，每次都很感动。教师配乐读夏洛死前对威尔伯说的话。

（3）以后，同学们看到优美的语段，不妨大声诵读，这也是一种读书的好方法。夏洛最后的话全都是在鼓励好朋友拥有美好的生活，而它自己却是对生命无尽的眷恋与不舍，尤其是它还没来得及看着自己的孩子来到这个世界上，它就离开了。

（4）同学们，假如你是威尔伯，你的好朋友要离去了，此时此刻，你会对他说些什么？

①学生配乐写。

②学生交流展示，教师点评。

（5）为什么蜘蛛要救威尔伯？生齐读："你一直是我的朋友，"夏洛回答说，"这件事本身就是一件了不起的事。我为你织网，因为我喜欢你。再说，生命到底是什么啊？我们出生，我们活上一阵子，我们死去。一只蜘蛛，一生只忙着捕捉和吃苍蝇是毫无意义的，通过帮助你，也许可以提升一点我生命的价值。谁都知道活着该做一点有意义的事情。"

小结："一只蜘蛛，一生只忙着捕捉和吃苍蝇是毫无意义的，通过帮助你，也许可以提升一点我生命的价值。谁都知道活着该做一点有意义的事情。"这是多么富有哲理的语言，一只弱小的蜘蛛尚且具有如此高尚的人生观，何况我们人呢？这就是作者写作的绝妙之处，让我们认识一下作者。

（6）介绍作者及其童话作品，发现怀特三部童话作品的共同点，简述作者写《夏洛的网》的背景。有一次怀特养的一头猪病了，为了救治这头猪，他费尽心血，寻医问药，与这头猪共度了三四个十分焦虑的日子，他决心要拯救一头小猪的性命，但最后这头猪还是死了。于是便有了《夏洛的网》的故事。

（五）小结

《夏洛的网》是本人最喜爱的书本，这本书既让人感动，又让人觉得温暖。读任何一本书，了解故事不是目的，通过阅读来启迪思想，陶冶情操，获取心灵的感悟才是最重要的！让我们记住今天收获的读书方法，相信大家在今后的阅读之路上一定会收获更多！

七、教学反思

新课标提倡"读好书，读整本的书"，要求学生能"初步感受作品中生动的形象"，能"与他人交流自己的阅读感受"。因此，我这堂课设计的重点是感受作品中的人物形象，并通过师生交流、生生交流的形式体悟作品中人物的品质，同时在课堂中渗透读书的方法。

在这堂课的教学上，我主要为了让学生初步感知并运用这些方法。因此，我特设以下环节。

（1）引导学生看封面、目录，让学生明白看封面、目录、前言及后记，可以了解书中的主要人物，初步感知人物的形象。这是初次接触一本书时最常用的略读方法。

（2）共读精彩片段，赏析人物形象。引导学生走进夏洛，感受夏洛的形象，走进威尔伯，并通过剧本、配音等形式激发学生的阅读兴趣。

（3）让学生对一些阅读的基本方法有了初步的感知。应该说，这些阅读方法，学生在平时的精读课文学习中都有所涉猎，经过这堂课有意识地梳理，学生的印象会更加深刻。

从课堂实施的效果方面来看，教学时间把握得不好，学生的课堂表现不够大胆、大方，教师的点拨有待加强。

八、板书设计

汉字初相识

——浅谈一年级的汉字教学

深圳市宝安区海韵学校　张馨月

　　小学阶段是孩子人生成长的重要阶段。它既是人生中最绚丽多彩的阶段，又是人生走向社会的第一个出发站。对于刚刚升入小学的孩子来说，他们与学前幼儿不同，一年级是一个交接点，孩子们还没有从幼儿园单纯玩耍的环境中脱离出来，还不了解一名小学生应该如何上课和学习。

　　一年级的学生注意力还不稳定、不集中，很容易受到周围事物的吸引从而导致分散。语文作为一年级学生接触最多的科目，肩负着重大的责任。语文学习是一切学科学习的基础，理解能力、书写能力、阅读能力都是可以通过语文学习获得的。所以，一年级的语文学习至关重要。在一年级的语文学习中，汉字学习成了很多孩子需要跨越的难关。为什么说难，有以下几点原因：一是中国的汉字是图画文字，声形并没有同步，同时存在很多的同音字、多音字、形近字等，很容易让刚接触汉字的孩子们进入一个混淆阶段；二是很多孩子在上一年级之前并没有拿过铅笔，也没有过任何的书写练习，甚至有的学生连自己的名字也不会写，所以汉字书写成了又一个困难；三是汉字的书写，不仅要求书写正确，还要求书写美观、工整。汉字的笔顺、结构、位置都需要经过反复的书写练习，才能够让学生达到掌握的程度，但这一过程对于刚上一年级的学生来说就比较困难了。

所以，如何让孩子们融入校园生活，爱上语文学习，爱上汉字，就成了一个非常重要的阶段，培养孩子们良好的语文思维，养成良好的书写习惯，为孩子们以后的语文学习能够打下坚实的基础。

一、汉字，我会认

兴趣是最好的老师。对小学低年级学生"学得快，忘得也快"这一问题，通过不同的游戏形式，让学生在丰富多彩的游戏中识字，在轻松愉快的玩耍中记住字形，学生会对识字产生浓厚的兴趣。

如猜字谜，教师可先根据字形特点创编谜面，学生猜谜底。学生猜谜的过程实际上是识记字形的过程，这种识记是积极的、印象深刻的。每位学生都在认真观察，开动脑筋，展开联想。每当猜出一个字谜，大家都会开心地大笑，因为他们感受到了成功的喜悦。学生在自主实践中兴趣盎然地将所学汉字加以巩固、加以运用。比如，朋：两个月亮交朋友；林：两棵树并排站；休：一个人靠在木头上；息：自己的心；禾：一棵小树苗，头上戴草帽；思：十张口，一颗心，猜猜看，动脑筋；雷：雨点掉到田地里……教师可以让学生将自己的识字方法讲给家长听，这样既激发了学生识字的兴趣，巩固了生字，又促使学生产生一种成就感和自信心。

又如添笔画，学习汉字的过程由简到繁，由易到难，是有规律可循的，给汉字加一笔、减一笔，都会出现不同的字。比如，"日"加一笔可以变成"目、旦、白、由、旧、甲、田、申、电"，组织"添笔画"这个活动，能增强学生分析生字、拆分生字的能力。

除了利用游戏形式识字之外，教师还可以创设情境，激发学生的识字兴趣。一年级的学生注意力很容易分散，况且单纯的识字枯燥无味，学生往往缺乏兴趣。这就要求教师在讲课时，必须结合学生的心理特点，从教学需要出发，依据识字内容，运用形象、直观的教学手段（如多媒体、表演、绘画、音乐、挂图等），帮助并促进学生识字。

例如，教师在教"踢""拍"等字时，可让学生做一做这些动作，体会这些字的偏旁部首与意思的关系，从而记住这些字的字形。另外，教师还可以结合儿歌激发学生对识字的浓厚兴趣。例如，一年级下册"语文园地五"中："有饭能吃饱，有水把茶泡。有足快快跑，有手轻轻抱。有衣穿长袍，有火放鞭炮。"对于"泡、饱、跑、抱、袍、炮"，用儿歌来认识这六个字，读起来朗朗上口，富有趣味性，有利于学生很好地掌握生字的音、形、义。课件形象、生动、有趣，有利于激发学生对文字学习的兴趣。教师也可以利用课件演示，引导学生乐学、善学、学活。学生通过多媒体识字软件观看生字的笔画、笔顺等，同时跟随教学软件进行听、说、读、写的训练。例如，教师教生字"升"时，利用计算机生动地演示物体（如气球）上升过程，学生更容易记住字形与字义。

教学中还有很多识字方法，如比较法、拆字法、熟字改笔画法等。教师应结合学生的特点，引导学生科学、灵活地运用多种识字方法，培养学生自主识字的能力，从而提高教学质量。

二、汉字，我会写

识字是语文学习的第一步，写字则是第二步。对于一年级的学生来说，不是要保证写的数量、速度和质量，而是要做好以下三点。

首先，保持正确的书写姿势。正确的书写姿势不仅能够方便学生更好地书写，还能够保护学生的眼睛。在日常写字时，教师可以通过口令的形式"头正、肩平、背直、足安"帮助学生。当教师说出"头正"

时，学生能够说出后面的要求，并做到所说的要求。这样就会潜移默化地帮助学生保持正确的书写姿势。

其次，汉字的书写应由易到难，有很多学生认识生字但却不能够很好地书写生字，又或者写字就像画画一样。所以在一开始，教师就要跟学生讲好书写规则，"从上到下，从左到右，先外后内，先中间后两边"。让学生从一开始就知道这个书写规则，避免他们习惯了自己的书写方式后，就很难改正过来。

最后，汉字书写的美观程度，这不仅仅是对小学一年级学生的要求，更是对所有学生的要求。"字如其人"，每一位语文教师都会要求学生书写得美观、漂亮，但这并不是一蹴而就的，而是要经过长时间的练习。所以，教师应在学生刚开始接触汉字书写时就对他们提出要求。"横平竖直"是最基本的要求，在写字之初，整齐、干净是第一要求，这一阶段主要是督促和帮助学生能够很好地控制手中的铅笔，在完全做到了"横平竖直"后，再提出更高的书写要求，如顿笔、汉字的结构、位置等。

识字教学在小学生的语文教学中非常重要，是一切学习的基础。但是，不管用什么方式都必须将学生的兴趣放在第一位，通过不同的方法激发学生的学习兴趣，提高学生的学习积极性，提高课堂教学效率，让学生真正体会到语文学习的快乐。

感人心者，莫先乎情

——记一堂毕业赠言写作课

深圳市宝安区海韵学校　黄丹霞

仲夏蝉鸣，凤凰花开，又是一年毕业季。这是我第二次带毕业班，最近几周，我总能看见学生在教室里兴致勃勃地互相传递着同学录，好奇心使然，我走近他们，看看他们都互相留下了怎样的毕业赠言。但是，这一看着实让我惊讶，不知道是因为要写的同学录太多学生懒于动笔，还是学生确实不知道赠言该怎么写，他们写的大多数赠言都是寥寥数语，还充斥着各种网络语言，根本不是六年级学生的水平。因此，我特意把本册教材第六单元综合性学习中有关"毕业赠言"的教学内容提前，给学生上一节写作指导课。

针对学生所写的毕业赠言中言之无物、语言平平的特点，我把教学重点放在了"写什么"和"怎么写"上。首先，我让学生朗读和思考，引导学生总结出毕业赠言的特点：篇幅短小、语言精练、感情真挚、富有文采等。其次，我出示例子教给学生毕业赠言常见的几种类型，如怀念性赠言、祝愿性赠言、激励性赠言、褒扬性赠言等。最后，我教给学生写好赠言的几个妙招：一是赠言的内容不能千篇一律，要根据赠送对象的不同特点来写；二是善用修辞手法来增加文采；三是引用诗词增加文化内涵，如赠给同学可以引用"海内存知己，天涯若比邻""长风破浪会有时，直挂云帆济沧海"等，写给老师可以引用"随风潜入夜，润物细无声""落红不是无情物，化作春泥更护花"等。一堂课下来，我感觉颇为顺利，学生互动积极，各个跃跃欲试。

第二天，当我充满期待地翻开学生的作业本时，却发现学生的作业完成得并没有想象中那么理想：赠言不再是只言片语，但感觉千篇一律，缺乏个性；虽然用了各种修辞和优美的辞藻，但一点儿也不动人。刘勰说过："繁采寡情，味之必厌。"意思是华丽的辞藻过于繁多而缺乏真情实感的作品，让人品味起来必然生厌。我不禁反思自己的教学：现在大部分学生的作业不就是这种情况吗？但学生面对风景如画的校园，面对谆谆教诲的老师，面对朝夕相处六年的同学，怎么会没有真情实感呢？我又回顾了教学过程，才发现我忽视了学生情感的激发和触动。袁枚曾说："文以情生，未有无情而有文者。"巴金也说过："我们写作，只是因为我们有话要说，有感情要倾吐，我们用文字表达我们的喜怒哀乐。"是啊，写作必须是学生先对人事、景物等有了某种心灵上的触动、感发，然后才有可能寻求语言文字的表达，而只有这样的作品才会有真情实感，才能打动人心。各种技巧中，只有富有情感，才是写好作品的最好手段。

又是一堂语文课，这次我先播放了学生在学校的成长视频，在"长亭外，古道边，芳草碧连天。晚风拂柳笛声残，夕阳山外山……"的背景音乐中，学生回顾了六年来与老师、同学相处的难忘瞬间和美好回忆。接着，重新让学生选好赠言对象，打开学生记忆的大门，让学生谈谈赠言对象的特点，分享与赠言对象之间发生的难忘的事，在畅所欲言的过程中，学生找回了自己与赠言对象之间的独家记忆。这一过程真正拨动了学生的心弦，点燃了学生倾吐的欲望。趁此时机，我让学生重新修改自己的毕业赠言，效果果然不一样。现摘录几则：

一

亲爱的小晨：

六年时光，匆匆逝去。明亮的教室再也见不到我们一起做题的身影，课间的走廊再也寻不到我们嬉闹的笑脸，操场的蓝跑道再也找不到我们奋力奔跑的步伐……但我不会忘记你，你是我心中一首动听的歌，永远萦绕在我的心田。

——王安怡

二

敬爱的刘老师：

您虽然只带了我们四年，却是我最难忘的恩师。您慈祥的目光，化解了我刚入小学的不安；您幽默风趣的语言，让我深深爱上您的课堂；您出自心田的教导，像雨露一样浇灌着我的成长。虽然我将要离开，终有一天，我会像南飞的燕儿飞回您的身边，带给您满意的成绩。

——唐思赫

三

可爱的母校：

六年来，我们在宽敞明亮的教室中遨游书海，我们在高端大气的音乐厅展现风采，我们在鸟语花香的中庭花园亲近自然……母校，感谢您为我们莘莘学子创造了如此怡人的环境、美丽的风景。

即将离开您的我，衷心祝愿您的未来越来越好，今天我以您为荣，希望明天您以我为傲！

——张伟鸿

四

亲爱的同桌：

相识犹如昨日，可离别就在眼前。多少次我们吵着吵着不禁相视一笑；多少次我忘带文具，总有你的及时相助。虽然你在学习方面比较吃力，但请相信"宝剑锋从磨砺出，梅花香自苦寒来"，我的好友，一定要坚持下去，找到合适的学习方法，努力拼搏，希望三年后我们能在顶峰相见！

——陈江宁

"感人心者，莫先乎情。"这次写作指导课，让我和学生都更加明白，真情实感是写作的灵魂，只有写自己内心深处的东西，把自己的真情实感袒露在读者面前，和读者产生情与情的交流、心与心的碰撞，才能打动他人。写作技巧当然也很重要，但它是一种辅助，是为了更好地表达作者的情感。

字字珠玑，学海无涯

深圳市宝安区黄埔小学　吴一思

　　珠海之行，有幸在全国小学语文"深化教学改革，彰显新锐举措"创新课堂观摩研讨会上聆听了大师的课例讲座。会上不仅有来自全国各地的名师，演绎生动活泼的课堂，还有曹文轩、林清玄等著名作家，给我们开了别开生面的讲座。短短几天，收获多多，满载而归。

一、朗读："无声"胜有声

　　"课堂最美的声音是学生的读书声。"王文丽老师以她平和、亲切的课堂风格，在《冬阳·童年·骆驼队》课例上给我们展示了什么是好的朗读：王老师教孩子们读出课文中"骆驼咀嚼"时的安静，应该如说话一样自然朴素。这给我了很大的启示：好的朗读不是最响亮的，不是每个孩子用最大的声音扯着嗓子喊，而是每个孩子用心去读，读出韵味，这样不仅有利于培养孩子静心读书的习惯，更有助于他们理解体会课文。一年级的学生喜欢扯着嗓子喊，教师也习惯鼓励孩子要读得大声、读得响亮，但这真的是正确的引导吗？有时候，不响亮却有韵味的朗读比扯着嗓子喊出来的声音美得多。

二、幽默：课堂的润滑剂

一堂幽默的课，一位有幽默感的教师，总是受学生欢迎的。何刚老师在文言文课例《活见鬼》上的幽默风趣，营造了轻松活泼的课堂气氛，拉近了与学生的距离，收到了良好的课堂效果。他利用自己家乡方言（广西）与粤方言的对比进行开场，与学生进行交流，本是陌生的师生关系，一下子变得热乎起来。在板书课题"活见鬼"的"鬼"字时，他别出心裁地与学生解释说，它的一撇就是鬼长长的舌头，在座师生听后会心一笑，学生的兴趣一下子就被激发起来。这些小细节，足见其匠心独运和幽默的智慧。

三、大语文：文字、文学与文化的高度融合

印象最深的要数王崧舟老师的《桃花心木》课例，让人如沐春风，节奏适中，循循善诱，和风细雨似的，尤其是他课堂上散发的人文气息，令人折服。他让学生反复朗读，一步步从道理过渡到故事，从故事还原、反证道理，达到疏通文义的教学目的。"三个惊讶"设置悬念的写法，一步步剖析，让学生懂得如何运用祖国的语言文字，并学会鉴赏文学作品。更精妙之处在于，王老师将课文的最后升华为文化的高度，将佛学文化展现给学生，佛学文化中的"无常"即是文中所说的"生活中的不确定"，内涵丰富。王老师将"人生即是无常"引出来，当时有很多教师怀疑，会不会将课文内容拔高了？毕竟只是小学生，哪里懂得"人生即是无常"，懂得"无常就要醒来"？当时听完，我也产生了这样的疑惑：到底将佛学文化抛出来给小学生适不适合？或者说小学生能不能达到这个接受的程度。

回来后进行了思考，我想起了上个月在蚝业小学的主题训导课，当时听取了一年级的周老师讲拼音复习，在课上她运用多种巩固拼音的方

式，这些方式将课程构建从课本到生活最后上升到文化，比如将《西游记》的人物名称以拼音的形式让学生练习，有文化遗产（如长城）、猜寓言故事、古诗朗读等，都是与中国传统文化挂钩。诚然，对于一年级的学生来说，对文化遗产的理解还谈不上，也没有文化的意识，这些文化只是一个容器，将知识装载起来，让学生在文化浸染中学习知识，得到中国传统文化的熏陶。这与王崧舟老师的意图如出一辙：王老师的教学意蕴不是让学生去领悟佛学，而是让学生去接触传统文化，在潜移默化中得到中国传统文化的熏陶，这是大语文的境界。

"深"爱教育，"学"无止境

深圳市宝安区黄埔小学　吴一思

　　淡暑新秋，景美情至。在这个美丽的季节，我们搭乘学校"加强教师队伍建设"的列车，共赴一场学习的盛宴。我们与深圳市教科院李敏博士的"深度教学"理念相遇，在李祖文老师的语文教学变革实践中汲取宝贵的教学经验，深深感受到这场培训中传达的"较真"艺术带给我们的思考和震撼。

一、"较真"学生认知

　　教师的"深度教学"指向的是学生的"深度学习"，认识到学生对事物的认识规律尤为重要。根据布卢姆"教育目标分类学"的理论，学生既有浅层认知维度——识记与理解，也有深层认知维度——应用、分析、评价、创造。深度教学对应的是开发学生的深层认知，因而我们教师在教学过程中要结合课堂与学生实际，注重学生运用知识、分析问题、大胆评价，并在原有的基础上进行创新创造。只有这样，才能真正培养学生的核心素养。

二、"较真"文本解读

作为开展深度学习的载体，语文教材的文本十分重要，教师如何解读并利用文本，直接关系着教学是否"够深"。因此，对待教材的文本，教师在备课时应该反复琢磨，借鉴李祖文老师的"用不同颜色画出文本的关键点"方法，进行深度备课，认清文章的属性，结合学段和学生水平找到深度学习"关键点"进行教学。

三、"较真"深度阅读

无论是认清学生认知的规律还是进行文本解读，都要求教师具备深厚的学识和扎实的专业功底，因而，作为一名教师，"深度阅读"是尤为必要的。教师在大量阅读中提高了自身的专业修养，收获更广阔的视野，并在大量阅读时进行思考与写作，达到深度阅读的状态，为"深度解读"文本的开展打好基础。只有教师对文本有了深刻的解读，才能带领学生进行深度学习；只有教师爱上"较真"字词句段，才能让学生学会"咬文嚼字"，真正懂得语文世界的魅力。

在"较真"过程中，教师和学生走进广阔的语文世界，让"语文教学"变成真正的"语文教育"，这实在是一件既有成就又美好的事。

梦中窥人

——浅析晏几道的"梦"词

深圳市宝安区黄埔小学　吴一思

晏几道（1030—1106），字叔原，号小山，晏殊第七子，在词史上常与其父并称"二晏"或"大小晏"。其词作收录于《小山词》中。他的260首词作，有52首59句写到"梦"，据统计占到了他的词作总数的近1/4。平均5首词就有一首写梦的，其数量之多、频率之繁，在古今词集中都是极罕见的。可见，晏几道是北宋乃至整个中国古代词坛不多见的写梦词的高手。

晏几道词所呈现的梦多种多样，有春梦、秋梦、归梦、前日梦、今宵梦、高唐梦、巫峡梦、失意梦……梦的状态有梦醒后、梦前、梦中……可谓五彩缤纷，意义非凡。

笔者认为解析梦有两个角度：一是我们化为写梦的作者本人，通过梦境"窥"梦中人，这是"自窥"；二是我们先把文本当作一个媒介，然后联系写梦者的人生经验进行解读，是我们身为读者对作者的"他窥"。总结起来都是梦中窥人。

一、晏几道的"窥"

在梦中"窥"自己思念的女子。晏几道平生多与歌女交好，他又是多情、痴情之人，因此与歌女产生了许多恋情。但是人生聚散岂能避免，与爱人的分离之苦使晏几道情深苦恋，也因此饱受相思之苦。在梦词中多有写这一类对恋人刻骨铭心的相思。

如：

庭花香信尚浅，最玉楼先暖。梦觉春衾，江南依旧远。回纹锦字暗翦，漫寄与、也应归晚。要问相思，天涯犹自短。

——《清商怨·庭花香信尚浅》

西楼别后，风高露冷，无奈月分明。飞鸿影里，捣衣砧外，总是玉关情。王孙此际，山重水远，何处赋西征。金闺魂梦枉丁宁。寻尽短长亭。

——《少年游·西楼别后》

无论是天涯游子还是征西远人，都是闺中思妇痴情心系、真情告白的对象，只因别离而无处话衷肠，于是在梦中走遍江南"寻尽短长亭"，这正是相思到了极点。在这里的思妇和游子可以理解为作者的自画像，即是作者在思念心中的爱人。

另一个更有说服力的例子就是作者梦词中频繁出现的高唐之梦，也作巫峡之梦。"高唐"一词出于宋玉《高唐赋》，文称战国时楚怀王尝游高唐，"怠而昼寝，梦见一妇人曰：'妾，巫山之女也。为高唐之客。闻君游高唐，愿荐枕席。'王因幸之。去而辞曰：'妾在巫山之阳，高丘之阻，旦为朝云，暮为行雨。朝朝暮暮，阳台之下。'"后以"高唐""云雨"比喻男女欢合，以"阳台"比喻男女欢会之所，以"朝云暮雨"比喻欢会中的女子。又如，"月堕枝头欢意，从前虚梦高唐，觉来何处放思量。如今不是梦，真个到伊行"（《临江仙·浅浅余寒春半》）；"曾笑阳台梦短，无计怜香玉"（《六幺令》）；"晓枕梦高唐，略话衷肠"（《浪淘沙·翠幕绮筵张》）；"芦鞭坠遍杨花陌，晚见珍珍。疑是朝云。来作高唐梦里人"（《采桑子·芦鞭坠遍杨花陌》）；"梦初残。欹枕片时云雨事，已关山"（《愁倚阑令》）；"朝云信断知何处？应作襄王春梦去"（《木兰花》）。虽然高唐之梦实质是作者的情欲之梦，其本质却是他对那些与自己相好的歌女的深切思念。

在以上的梦词中，作者以一种重温旧情的方式，与心爱之人重逢和"飞雨落花中"，这是一种精神上的满足，如弗洛伊德所说则是一种愿望的达成。因为在现实中无法实现与心爱的人在一起，只好选择在梦中窥视爱人的方式，以达到自我安慰、自我安抚的目的。这一切源于晏几道对爱的痴。

作者窥视自己的内心世界。上述说的窥视所思念的女子本质其实是作者对自我内心世界的自窥。弗洛伊德从梦是主观心灵的动作这一前提出发，肯定所有的梦都是以自我为中心，并都与自我有关，即使自我不在梦中出现，那也只是利用"自居作用"隐藏在他人的背后。他强调说，从每一个梦中都可以找到梦者所爱的自我，并且都表现着自我的愿望。从这个意义出发，梦只是作者的精神寄托，从头到尾梦只有作者自己，出现的人物不过是作者的工具。从词作中我们可以领会到，晏几道从来就"把爱情当作一种纯精神性的追求"，但生活中的爱情何以能不食人间烟火，何以能只是柏拉图式的精神恋爱？若真的要一个合理的解释，那只能是作者"借助对爱情的追求建立一个与现实生活截然不同的审美的情感世界"。从文献记载中我们知道，晏几道是一个生性孤傲、不慕名利的人，有这种性格的人必然是与世俗保持距离之人，对世俗不满，难免失意苦闷，所以梦里所蕴含的也许是一种"我追求，但是与爱情无关的"内隐，那是作者在梦中自我窥视后的精神寄托。

二、读者的"窥"

从作者的梦我们能间接地窥见他的内心世界和性格,并与作者的身世形成一个对应。在《梦的解析》中,弗洛伊德认为梦是一种潜意识活动,梦的内容多数是最近的以及孩提时代的资料,并根据对自己的梦的分析,相信几乎每一个梦的来源都是做梦前一天的经验。认为"梦的内容往往决定于梦者的人格,决定于他的年龄、性别、阶级、教育标准和生活习惯方式,以及决定于他的整个过去生活的事件和体验"。梦从科学上说是一种不安稳状态,即"完全的熟睡是不会做梦的,梦是介于睡着与醒着的状态的产物"。也就是说,经常做梦的人必定内心有隐情,必定有许多思绪,因此始终不能熟睡,就会做许多梦。从作者的遭遇我们可以得知他生于富贵、长于奢华,历经了养尊处优到穷困潦倒的生活遭遇,遍尝生死别离的人生况味,虽不及李后主的亡国破家之沉哀,但也足够使晏几道苦闷,为自己的身世感到心酸不平。也许在作者的梦中其实是变相隐含着这种内心世界的苦闷与哀伤,并且这种苦闷与哀伤在其内心世界是无处不在的,因为只有哀伤与苦闷思绪的沉重才会有梦的多和频繁,可见作者的内心世界充斥着多么厚重的身世苦楚。从另一个角度来看,经常做梦之人必定是情感十分丰富的人,也是非常敏感的人,从这个意义出发,我们可以得出一个结论——晏几道是一个细腻、敏感的词人。

晏几道写梦基本上都是为了构造一个梦境来重温往日爱情的甜蜜。梦本质是假的,以假的东西来获得精神上的满足,是否有逃避现实的嫌疑?真如以下所说,"他没有面对现实的勇气,他的孤傲也不过是他对自己脆弱内心的掩饰。他的'现实如梦''人生如梦'都无不表现出他面对现实时内心的恐惧和哀伤"?若真的是逃避,是否与世人对他"为人耿介,疏狂磊落,纵弛不羁,生性高傲,不受世俗约束"的评价相矛盾呢？因为在我们一般人看来，有这种性格之人必有铮铮铁骨，有坚强不屈的品行，是一个敢于面对现实的汉子，何以会逃避现实？在笔者看来，是没有冲突的。首先，晏几道的看似沉浸于梦中进行逃避，其实不是真正的逃避，而是一种自我的解脱和寻找。我们普通人尚会在不满现实时寻找安慰，更何况有自己深沉思想的文学家晏几道，这是一种生存的智慧，是不受世俗约束的另一种表现，甚至可以说是对情感审美的追求。其次，人在每一个阶段都有不同的心境，文人也是人，不能说他们在人生的每一个阶段都能一如既往地保持自己的品性，在消极与积极的人生态度中他们也会摇摆，甚至这种摇摆比普通人幅度大。比如女作家三毛，她在《谈心》中鼓励来信的读者："你有死的勇气，难道没有活的勇气吗？"这是告诉读者要珍爱生命，热爱生活，而出人意料的是，这样一位积极向上的女子，最终在48岁的不惑之年，用一只丝袜结束了自己的生命。这样的例子在文学史上甚至在日常生活中都不少见。照这样看来，这岂不也是矛盾？其实不然，以上所提到的种种只因世事变幻的难以把握，一个人的心境不可能永远不改变，生活总会到要哭泣的时候。由此看来，晏几道的词中所写的梦不是真正的逃避现实，更谈不上与生性高傲等性格特征有所冲突。

综上所述，晏几道词作中梦的描写可以从多种不同角度来解读，体现了无尽的内涵，在解读中也给我们提供了一种多维度认识复杂人性的方式。

参考文献

[1]袁行霈.中国文学史（第二版第三卷）[M].北京：高等教育出版社，2005.

[2]房日晰.浅谈晏几道词对梦的描写[J].古典文献知识，1999（6）：74-78.

［3］晏殊，晏几道，张草纫.二晏词笺注［M］.上海：上海古籍出版社，2008.

［4］燕良轼.中国古代的释梦思想［J］.长沙电力学院社会科学学报，1997（4）：43-48.

［5］熊英，胡遂.论晏几道的"梦"词［J］.湖南工业大学学报，2007（1）：58-60.

朱子读书法与语文阅读教学

深圳市宝安区黄埔小学　吴一思

一、语文阅读教学

阅读是语文教学的中心。阅读教学是语文教学的基本环节，它具备听、说、读、写训练的综合性，既是识字的重要途径，又是写作的必备前提。只有抓住阅读教学这一基本环节，才能占领语文教学的最主要阵地。

阅读教学也是语文教学改革的重点和难点，多年来，许多学者都尝试着进行阅读教学的改革和试验，"阅读教学三步法""阅读教学五步法"等阅读教学模式五花八门、层出不穷，却没能改变阅读教学亟待解决的现状。冷静思考，我们发现，一方面，我们呼吁语文教育要实现"科学化、民族化、现代化"；另一方面，我们却只会照搬各式各样的教学模式，把宝贵的语文传统教育给抛弃了，这着实是一个遗憾。研究语文教育，不仅需要现代的科学方法，还需要对历史加以考察，从传统文化中去汲取我们需要的养料。

在我国的阅读教学史上赫然屹立着一座不朽的里程碑——朱熹的阅读教学理论。朱熹是南宋著名理学家、思想家、哲学家、诗人，是程朱学派的主要代表，也是宋代理学的集大成者。其代表诗作有《观书有感》《春日》《泛舟》等，中小学教材多有收录，学生对其人其诗都不陌生。他一生酷爱读书，根据他的读书经验，其弟子总结出一套读书的方法，世称"朱子读书法"，又称"朱熹读书六法"。朱熹的阅读教学理论主要凝聚在他的"朱子读书法"里。

二、解读"朱子读书法"

（一）循序渐进

朱熹主张："凡读书，须有次序。且如一章三句，先理会上一句，待通透；次理会第二句，第三句，待分晓；然后将全章反复绅绎玩味。"意思是说，读书要根据自己的能力，由易到难，循序渐进，不要盲目追求速度，要稳扎稳打，弄懂了前面的语句，再接着读下面的才行。

（二）熟读精思

朱熹认为，读书既要熟读成诵，又要精于思考。"大抵观书先须熟读，使其言皆若出于吾之口；继以精思，使其意皆若出于吾之心，然后可以有得尔。"读书要背诵，要在初步理解的基础上，反复朗读，直至熟稔课文，达到可以背诵的程度，也就是我们熟知的"熟读成诵"的读书方法。只有把文章内容读得烂熟于心，然后进行精心思考，经过"有疑——无疑——解疑"的过程，才能把知识内化为自己的东西。

（三）虚心涵泳

朱熹主张："穷理以虚心静虑为本。"所谓"虚心"，指的是要"以书观书，以物观物，不可先立己见"。读书需要虚心，不要把"圣贤言语来凑他的意思，其有不合，则便穿凿之使合"，即不要带着自己的看法去读书，避免先入为主；对书中的意思，要细心辨识琢磨，平心静气地品味，别忙着下结论。所谓"涵泳"，是指读书时要反复品味、仔细推敲，多读几个来回，深入领会文章的要旨。

（四）切己体察

朱子曰："入道之门，是将自个己身入那道理中去，渐渐相亲，与己为一。""学者读书，须要将圣贤言语体之于身。""不可只专就纸上求义理，须反来就自家身上推究。"读书要从自身出发体会书中内容，少做纸上功夫，以书反观自身，用理论联系实际，然后领会意旨，并身体力行，只有"从容乎句读文义之间，而体验乎操存践履之实，然后心静理明，渐见意味"。

（五）着紧用力

朱熹认为，读书应该具有犹如救火治病那样的紧迫感，撑上水船那样不进则退的顽强作风和破釜沉舟那样勇往直前的精神。"余尝谓，读书有三到，谓心到，眼到，口到。心不在此，则眼不看仔细，心眼既不专一，却只漫浪诵读，决不能记，记亦不能久也。三到之中，心到最急。心既到矣，眼口岂不到乎？"意指读书的过程必须"宽着期限，紧着课程"，"如撑上水船，一篙不可放缓"。

（六）居敬持志

朱熹指出："读书之法，莫贵乎循序而致精。而致精之本，则又在于居敬而持志。此不易之理也。"意指读书要专心致志，心无旁骛。又说："立志不定，如何读书。"意指读书要志存高远，有志向和目标，并要持之以恒，不要懈怠。

仔细研究以上六种读书法，与如今我们新课标提倡的阅读教学目标和教学原理、原则有不谋而合之处，也相应地带给我们一些启示。

三、朱子读书法的现代启示

（一）备学情

"循序渐进"是一条教学原则，也是读书法纲领之一，是指读书要按照书本的逻辑体系和学习者的水平有系统、有步骤地进行。语文阅读教学较之于数学、物理等理科课程，没有很严格的有序性，但是也要求阅读教学应符合学生在各个年级阶段的阅读水平和能力。如今很流行的备课三部曲"备学情、备教材、备方法"中，将"备学情"放在了第一步，目的是对学生已有的学习区域有一个把握，了解学生的实际水平与能力，以学生为本，安排合理可行的阅读训练，帮助学生扎扎实实、一步一个脚印地发展阅读能力。所以要做到循序渐进，教师在阅读教学中首先要做的是"备学情"。

（二）整体把握，重疑激思

熟读精思，熟读是记忆的过程，精思是思维的过程，它要求在阅读教学过程中，教师应引导学生在阅读时注重记忆到思维的转变。熟读的目的是培养学生的语感。良好的语感是阅读的基础，让学生熟读的另一个好处是能够让他们对文章有一个整体把握，从而避免人为地分割课文，进而能更好地抓住课文的"题眼""诗眼"，从整体出发，品出其中的微言大义来。对于教师，也需要注意阅读教学的整体把握，不能肢解有机整体，断章取义地说教，肢解感知经验的整体性，这在教学实践中往往造成理解上的片面性，甚至把意思都弄偏了。另外，精思要求阅读教学要培养学生的问题意识，问题既是思维的起点，又是思维的动力，重疑激思才能改教为学，变讲为疑，打破长期以来教师主宰课堂的沉闷、尴尬局面，给语文课堂教学带来新的生机和活力。

（三）三个主体性的统一

虚心涵泳，"虚心"是指要仔细体会书中的内容，不要先入为主，牵强附会；"涵泳"是"虚心"的延伸，就是在不先立己说的前提下，反复咀嚼，细心品味。在这里透露的信息是，我们在阅读教学中要处理好学生、教师、文本之间的关系，阅读教学是这三者之间的多重对话。首先，阅读是学生的个性化行为，阅读教学是学生、教师、文本之间对话的过程，在阅读教学中要坚持这三者的主体性。任何一篇文本的最初创作，都不是为了我们现在的教师的"教"和学生的"学"而创作的，学生的"学"是为了通过对别人思想的感受和理解而扩大自己的思想视野和情感感受的范围与深度。教师的教学有主体性，体现在他有根据自己对文本独立的感受、体验和理解来解读文本，并且独立有个性地组织语文教学的权利。学生学习的主体性是指教学的一切程序最终都落实到学生的"学"上，学生在教学活动中是积极的参与者，而不是被动的服从者，学生可以针对课文提出自己的见解，形成自己的思想。只有虚心尊重文本的主体性，才能更好地把握课文；只有尊重教师的主体性，才能发挥教师的创造性；只有尊重学生的主体性，才能真正实现阅读教学的目标。

（四）知识与能力

切己体察，只关乎知识的实践和运用，阅读要身体力行，将自己的生活体验结合起来。这里就折射出知识与运用的关系，也就是知识与能力的转换问题。在语文阅读教学中，教师有时会走向过于重视语文知识的偏向。我们认为，传授语文知识是必要的，不是说教师不能在阅读课堂上讲知识，而是要有度，不能拔高，不要过于强调知识的体系化，不要脱离能力的培养去孤立地传授知识。例如，不能将阅读教学中阅读能力的培养和语音识字的传授本末倒置。

（五）非智力因素

着紧用力、居敬持志强调了阅读教学中非智力因素的重要性。语文学习是以人的整体心理活动为基础的认知活动和情意活动相统一的过程，忽视阅读教学中的情感问题，如学习中的苦恼、恐惧以及其他消极感受会阻止学生全力以赴地去阅读，进步与发展就无从谈起。新课程理念下的语文教学注重教学中的情感因素，谈到情感、态度、价值观三个要素，实际上是注重了学习中的非智力因素。因此在阅读教学中，教师应该有意识地强调学生在读书时要"着紧用力、居敬持志"，培养良好的阅读习惯，端正读书态度，只有这样，才能避免非智力因素中不好的干扰。

"朱子读书法"是我们古代教学理论宝贵的财富，深度地挖掘和迁移它的含义能够对我们的教学有所启示。在语文教育的研究和实践中，应重视继承优秀教育传统，通过对"朱子读书法"的解读，寻找其与当代语文阅读教学的联系，目的是学习民族语文教学中的宝贵经验，使优秀的教育传统在新时代继续闪耀光彩。

参考文献

[1]（宋）黎靖德.朱子语类［M］.长沙：岳麓书社，1997.

[2]王富仁.语文教学与文学［M］.广州：广东教育出版社，2006.

[3]孙培青.中国教育史［M］.上海：华东师范大学出版社，2009.

[4]朱永新.中国古代教育思想史［M］.北京：中国人民大学出版社，2011.

[5]张隆华.中国语文教育史纲［M］.长沙：湖南师范大学出版社，1991.

[6]黄宗羲，全祖旺.宋元学案［M］.北京：中华书局，2013.

[7]陈扬东.朱熹阅读教学理论研究［D］.西宁：广西师范大学，2000.

[8]郝如新.朱子读书法及其启示［D］.北京：首都师范大学，2005.

读写一体化视域下的革命传统题材
课文的教学策略

深圳市宝安区海韵学校　黄丹霞

2021年1月，教育部发布的《革命传统进中小学课程教材指南》（教材〔2021〕1号）中提出："对中小学生进行革命传统教育，植入红色基因，是贯彻党的教育方针、落实立德树人根本任务的需要，是增强学生对伟大祖国、中华民族、中华文化、中国共产党、中国特色社会主义认同的必然要求，对于传承革命文化和社会主义先进文化，培养德智体美劳全面发展的社会主义建设者和接班人具有重要意义。"语文作为落实革命传统教育的重要课程，在传承和弘扬革命文化中发挥着重要作用。与人教版教材相比，部编版小学语文教材中的革命传统题材课文增至40余篇，如何利用好这些课文的教学，让学生从小打好中国底色，传承革命传统的红色基因，是我们一线教师要认真思考的。

一、革命传统题材课文的教学现状

部编版小学语文课本中的革命传统题材课文主题鲜明，内容丰富，有彰显战争年代革命烈士心怀祖国、不怕牺牲的英雄故事，如《狼牙山五壮士》《小英雄雨来》等；有赞颂革命领袖不搞特殊、与人民群众心连心、实事求是优良作风的领袖故事，如《青山处处埋忠骨》《难忘的泼水节》《邓小平爷爷植树》等；还有反映和平时期人们继承和发扬革命传统，克服困难建设祖国的故事，如《雷锋叔叔，你在哪里》《千年梦圆在今朝》等。不仅如此，这些课文的体裁也非常丰富，除了常见的记叙文、小说之外，还有诗歌、演讲稿等文体，如《七律·长征》《为人民服务》等。而且，这些课文在整套教材中的编排也十分科学合理，从低年段的单篇分布到中高年段的主题单元，由易到难，呈螺旋上升之势。编排如此精心，可见这类课文在教材中的重要性，但是真正的教学现状却并不乐观。

一方面，因为这类课文的内容距离学生生活的年代较为久远，学生无法联系生活实际加深对课文的理解。而且，由于历史知识的欠缺，学生游离在课文创设的情境之外，往往教师讲得激情澎湃，学生却无动于衷，难以与文中的人物产生情感共鸣。

另一方面，革命传统题材课文一般都具有较强的思想教育性，教师在教学这类课文时，很容易把握思想情感而忽视了学生对语言文字的理解和运用，将语文课上成了品德课和政治课。

因此，部编教材执行主编陈先云提出："教师要注意将此类课文的教学与思想品德课中的革命领袖和革命传统教育区别开来，不能向学生灌输革命的大道理。要做到'文道统一'，把学习、理解、运用语言文字与感受人物形象和美好品德融为一体。"

二、读写一体化教学的优势

读写一体化教学是指在语文教学中，将课文理解、语文知识的学习和写作教学融为一体的教学方式。这种教学方式在语文教学中有很大的优势。

首先，读写一体化教学有利于培养学生的语文综合能力。众所周知，阅读和写作是语文教学中的两项重要内容，而且阅读和写作关系密切，叶圣陶先生曾说："阅读和写作，吸收和表达，一个是进，从外到内，一个是出，从内到外。"学生只有通过大量高质量的阅读，才能积累语言材料，习得表达方法，从而更好地表达自己；而学生的写作过程也正是其内化阅读知识，提升阅读能力的过程。但是，在传统教学中，常常把阅读和写作割裂开来，导致学生很难将语言输入和输出结合起来，阻碍了学生读写能力的发展。读写一体化教学，以读带写，以写促读，能有效地提升学生的语文综合能力。

其次，倡导读写一体化符合部编版教材双线组织单元的结构特点。部编教材采用"双线组织单元结构"，每个单元都有人文主题和语文要素，语文要素包括基本的语文知识、必需的语文能力、适当的学习策略和学习习惯等。阅读就是把握主题内容和文章写作特点的主要途径，而写作则是对学生是否掌握本单元语文要素的一个检验。

最后，读写一体化教学也契合革命传统题材课文的教学要做到"文道统一"的要求。我们在教学革命传统题材课文时，肯定要关注课文的思想主题和人物的精神品质，而对这精神内涵的把握是让学生通过理解语言文字来实现的，这就需要"读"。因此，让学生在阅读之后写写自己的感受，或者运用课文的写法进行小练笔等，能检验学生运用语言文字的能力。

三、教学策略

（一）读是基础

1. 借助影视资源，拉近情感距离

由于这类课文距离学生生活的年代较为久远，学生很难产生共情，因此，教师可以想办法搭建学生与文本之间的桥梁，缩小学生与文本的

时空差。教育家乌申斯基曾说："儿童是用形式、声音、色彩和感觉来思维的。"影视资源就是用画面和声音来讲述故事的，所以，教师可以借助影视资源的冲击，来激发学生的阅读兴趣，拉近学生与文本的情感距离。尤其是近几年来，革命历史题材的影视作品百花齐放，制作精良，受到越来越多年轻观众的喜爱。

比如，教学《十六年前的回忆》一课，在介绍主人公李大钊时，教师可以播放当下非常火爆的电视剧《觉醒年代》中李大钊几次慷慨演讲的片段。当学生听到李大钊在张勋复辟时的愤慨演说"他们可以挡住天上的太阳，但是他们无法挡住民主的光芒"；当学生听到李大钊在中国共产党成立时那鼓舞人心的演讲"中国只有走社会主义道路，它才能够实现中华民族之振兴……社会主义绝不会辜负中国"；当学生看到李大钊每次演讲时那振臂一挥、激情澎湃的样子，怎能不对这位中国共产主义运动的先驱油然地产生无限敬佩之情呢？

2. 查阅相关资料，减少阅读障碍

革命传统题材课文一般以特定历史时期的英雄人物、事件为材料，小学生由于历史知识的欠缺，所以在理解课文、把握内容等方面有一定难度。部编版教材五年级上册、六年级下册中，分别提出了"结合资料，体会课文表达的思想感情"和"查阅相关资料，加深对课文的理解"的语文要素，可见资料的查阅补充对学习革命传统题材课文的重要性。

例如，在教学《狼牙山五壮士》一课时，教师可以在课前先布置学生通过网络搜索、查阅书籍、询问长辈等方式弄清楚课文中的专有名词、专有事件，如"狼牙山""晋察冀根据地""游击战争"等，扫清初步了解课文的障碍。而在感受五壮士的英雄气概时，教师再补充幸存战士葛振林的采访文稿，可以让学生进一步了解五壮士英勇跳崖的坚定选择，从而感受五壮士宁死不屈、忠于祖国的精神。

3. 聚焦语言文字，渗透思想教育

语言建构与运用是语文核心素养的重要组成部分，学生语言运用能力的形成、思维品质与审美品质的发展、文化的传承与理解都是以语言的建构和运用为基础的。因此，革命传统题材课文的教学也要聚焦语言文字本身，让学生通过品词析句、咀嚼文字来感受文字背后的内涵。

例如，在教学《为中华之崛起而读书》《军神》《十六年前的回忆》这类记人叙事的课文时，教师要引导学生关注课文对人物语言、动作、神态等方面的描写，通过多样化的朗读和细细揣摩来体会人物的精神品质。对于具有特色写法的课文，如《狼牙山五壮士》，我们除了引导学生把握五位壮士的动作和语言外，还要让学生在点面结合的场面描写中感受五壮士作为一个整体的英勇善战和五壮士每一个人的顽强不屈。又如，《军神》一课，课文中既有对主要人物刘伯承的直接描写，又有对次要人物沃克医生动作、语言、神态的细致描写，我们要引导学生探讨正面描写和侧面描写相结合的妙处，从而更好地感受刘伯承顽强的毅力和钢铁般的意志。另外，对于诗歌体裁的课文，如《七律·长征》，教师还要引导学生关注修辞和炼字，若学生能品味出"五岭逶迤腾细浪，乌蒙磅礴走泥丸"一联中巧妙的比喻和极大的夸张，自然而然能体会到红军敢于战胜一切困难的革命乐观主义精神。

（二）读写结合

1. 紧扣语文要素，落实语言训练

基于部编版教材双线组织单元的结构特点，革命传统题材课文的写作训练点可从单元语文要素中挖掘。例如，教学《青山处处埋忠骨》一课，这一单元的语文要素是"通过课文中动作、语言、神态的描写，体会人物的内心"及"尝试运用动作、语言、神态描写，表现人物的内心"，因此，我在教学这一课时，首先让学生找出描写毛主席动作、语言、神态的语句，让学生反复朗读，然后引导学生去分析人物的每一个动作、品味人物的每一句话、琢磨人物的每一个表情，从而感受到毛主席失去爱子的悲痛和面对艰难抉择的复杂心情，进而引导学生总结出三个写作的小妙招——"动作慢镜头""语言录音机""神态放大镜"。在此基础上，我趁热打铁地给出"焦急地等人、期待落空、久别重逢"几个情境让学生选择一个进行小练笔，用上课堂总结出来的三个小妙招，表现出人物的内心，从而达到语言运用的目的。

2. 创新表达方式，抒发心中感受

革命传统题材课文一般具有很强的思想教育性，它们向人们展现了革命领袖坚定的革命意志和高尚的精神品质，展现了革命先烈在民族解放事业中的前仆后继、顽强不屈，展现了中国人民在民族危亡时刻的紧密团结、万众一心……而课文的思想精神不应该是教师通过讲大道理的方式灌输给学生的，除了让学生借助语言文字来体悟课文的主题思想外，还可以布置多种形式的创意练笔，让学生抒发自己的读后感受或表达对革命英雄的赞美，既锻炼学生的写作能力，又让学生在写作过程中加深对课文的理解。

例如，学完《为中华之崛起而读书》，教师可以结合课后的小练笔，让学生以"周总理，我想对您说"为题写一封信，来抒写自己学完课文后的感受并谈谈自己读书的目的。又如，《青山处处埋忠骨》和《十六年前的回忆》两篇课文的课后习题都提到了课后查找资料，了解其他先烈的革命事迹，因此，教师可以布置学生制作"烈士名片"，让学生在这些综合实践活动中了解革命烈士的事迹，并用自己的语言进行宣传介绍，让学生真正走近先烈，铭记先烈的历史功绩。再如，教师还可以布置学生给自己最喜爱、最敬佩的革命英雄写颁奖词，以此表达对革命英雄的追思和敬意。

总之，教学革命传统题材课文，我们教师不仅要让学生铭记历史，培养学生的爱国情操，让学生形成正确的人生观、价值观和世界观，还要让学生在此过程中充分地学习语言和运用语言。因此，教师应开展以读为基础、读写结合的教学活动，让学生在朗读、品读中感知革命传统的文化内涵，让学生在练笔、写作中加深对革命精神的理解，从而充分发挥此类课文的教育教学价值。

参考文献

[1] 陈先云. 谈谈部编小学语文教科书革命传统教育题材类课文的编排及应注意的问题 [J]. 小学语文，2017（12）：14–19.

[2] 晏涵，庄桂成. 革命传统题材课文的教学现状及策略分析 [J]. 文学教育（上），2021（4）：126–127.

[3] 施妮. 部编版教材背景下"读写一体化"高效课堂的思与行 [J]. 小学生作文辅导（上旬），2021（1）：26–27.

小学语文对联教学中的美育渗透

深圳市宝安区海韵学校　黄丹霞

　　美育是德智体美劳全面培养的教育体系中的重要组成部分，是学校立德树人的重要载体。《关于全面加强和改进新时代学校美育工作的意见》中指出："加强美育与德育、智育、体育、劳动教育相融合，充分挖掘和运用各学科蕴含的体现中华美育精神与民族审美特质的心灵美、礼乐美、语言美、行为美、科学美、秩序美、健康美、勤劳美、艺术美等丰富美育资源。"对联作为我国独有的文学样式，它是语文教学中的一项重要内容。对联能以最简练的形式唤起人们最浓郁的美感，给人以最丰富的启迪，是渗透美育的优秀材料。因此，教师应在小学语文对联教学中，挖掘美育资源，渗透美育，让学生在继承和发扬对联这一优秀传统文化的同时，提升学生的审美素养。

一、在朗读吟诵中感受对联的韵律美

　　对联是平仄相谐、节奏相应的艺术，它凭借韵律节奏形成了独特的音乐美，让人读起来朗朗上口。因此，对联教学的基本方法就是朗读和吟诵。学生通过朗读，就可以感受到对联的声韵和节奏，进而通过文字领略对联中的风景名胜，感受对联中的无限趣味，欣赏对联中的才思智慧……而"平长仄短"的吟诵方法，更能凸显对联抑扬顿挫的韵律美。学生在朗读和吟诵对联的过程中，不断地与对联文本进行交流碰撞，就是在潜移默化中接受人文思想教育，接受美的熏陶和智的启迪。

例如，在教学这一副同字异音联"一碗清茶，解解解元之渴；七弦妙曲，乐乐乐府之音"时，教师可以先让学生尝试朗读，当学生一筹莫展时，再教给学生正确朗读的方法：先归纳总结"解"和"乐"分别有几个读音，厘清不同的读音对应怎样的字义，然后让学生联系对联故事中的两位主人公——明朝才子解缙和曾在乐府做官的乐姓老者，学生会在正确的朗读中感叹对联一字三音、一字三用的奇妙。又如，这一副歧义联"明朝逢春好不晦气，来年倒运少有余财"，学生既可以读作"明朝逢春，好不晦气；来年倒运，少有余财"，也可以读成"明朝逢春好，不晦气；来年倒运少，有余财"，让学生在不同的断句方式中感受联意的变化。

二、在趣味活动中探究对联的技巧美

对联虽然篇幅短小，但要求字字精华，尤其注重修辞手法的运用。对联所用的修辞手法，不仅是学生常见的比喻、拟人、夸张、对比等，还有析字、嵌字、回文、顶针、叠词、数字、集句等。这些运用了修辞手法的对联，都富有艺术技巧，特别能激发学生的好奇心。基于小学生的学习特点，教师可以在教学过程中设计一些有趣味的学习活动，让学生探究对联的技巧美，从而掌握一些创作对联的方法。

1."火眼金睛"

对于技巧特点比较明显的对联，教师可以直接让学生观察发现，激励学生像孙悟空一样，用火眼金睛辨别出对联的特色。例如，"冻雨洒窗，东两点西三点；切瓜分客，横七刀竖八刀。""梧桐枝横杨柳树，汾河浪激泗洲滩。""水水山山，处处明明秀秀；晴晴雨雨，时时好好奇奇。"学生一看这三副对联，只要仔细观察，稍加思考，都能发现这三副对联的特点。第一副对联是析字联，"冻"和"洒"拆开来看，正是"东两点""西三点"；"切"和"分"拆开来看，正是"横七刀""竖八刀"。第二副对联是同旁联，上联所有字的偏旁都是木字旁，下联所有字的偏旁都是三点水。第三副对联由许多叠词组成，是叠字联。

2. 填一填

在学习数字联时，教师可以将对联中的数字空出来，让学生填空，从而让学生感受数字在联中的妙用。例如，"收（　）州，排（　）阵，（　）擒（　）出，五丈原头点四十九盏星灯，（　）心只望酬（　）顾；抱孤子，出重围，匹马单枪，长坂坡边战数百十员上将，独我犹能保两全"。这副对联的下联写的是赵云最辉煌的事迹：长坂坡之战，而上联则用数字串起了诸葛亮一生的功绩。学生根据《三国演义》的阅读经验，很快就能填出答案：二、八、七、六、一、三。

3. 组一组

在学习集句联时，教师可以出示不同的诗文，让学生根据教师的提示以及对联的特点，从中挑出诗文句子，组成一副对联。例如，教师出示欧阳修的古体诗《沧浪亭》中的两句"清风明月本无价，可惜只卖四万钱"和苏舜钦的《过苏州》一诗中的颈联"绿杨白鹭俱自得，近水远山皆有情"，让学生分别品读诗句之后，再根据沧浪亭的秀美景色，组合出这副集句联"清风明月本无价，近水远山皆有情"。

三、在理解赏析中品味对联的内涵美

《义务教育语文课程标准（2011年版）》中指出："语文课程还应通过优秀文化的熏陶感染，促进学生和谐发展，使他们提高思想道德修养和审美情趣，逐步形成良好的个性和健全的人格。"对非小道，联本大观。在对联凝练的语言中，包含着创作者的敏捷才思和远大志向；优雅的文辞里，诉说着一个个文化故事和人生哲理，这些都是对联的丰富内涵。优秀的对联，不仅能提高学生的文化素养和审美情趣，让学生感受到优秀传统文化的博大精深，还能陶冶学生的情操，润泽学生的心灵，让学生树立积极向上的人生态度和正确的价值观。

当学生读到明代顾宪成题东林书院联"风声雨声读书声，声声入耳；家事国事天下事，事事关心"时，自然能感受到一代儒士的担当精神；当学生诵读到林则徐的自勉联"海纳百川，有容乃大；壁立千仞，无欲则刚"时，肯定能感受到这位民族英雄的广阔胸襟；当学生吟诵到"四面湖山归眼底，万家忧乐到心头"时，自然会被范仲淹心怀天下、忧国忧民的品质所打动。"宝剑锋从磨砺出，梅花香自苦寒来"激励学生磨炼意志；"虚心竹有低头叶，傲骨梅无仰面花"教会学生虚心谦逊；"壮士腰间三尺剑，男儿腹内五车书"鼓励学生厚积薄发……

四、在书写创作中，激发学生创造美

1. 书写对联，展现对联书法的造型之美

横平竖直皆风骨，撇捺飞扬是血脉。汉字经过数千年发展、演变，展现了无穷的组合。象形字、指事字、会意字、形声字等一个个中国汉字，形象生动，字体优美。中国的毛笔书法最能体现汉字的这种造型之美。古往今来，正式的对联出现的形式都是以毛笔书法呈现的，而书法课程本身就属于美育课程之一，因此，在对联教学的过程中，让学生用毛笔书法写对联，既让学生对对联进行造型上的再创造，又对学生的书法学习起到促进作用。

例如，教师可以在春节来临之际，布置学生进行收集春联、撰写春联的综合性学习活动，让学生在收集春联的过程中了解过年贴春联的传统习俗，在书写春联中，领略楷书的端正规范、隶书的庄重大气、行书

的潇洒俊逸。又如，安徽西递村的瑞玉庭中有一副著名的对联："快乐每从辛苦得，便宜多自吃亏来"，它被称为"西递第一联"。这副联故意错了几个字，上联的"辛"字多了一横，寓意是要用多一点的辛苦去换得快乐，下联从"多"字上取下一点，添加在"亏"字上，寓意是不怕吃亏，但是亏要吃在点上。教师在指导学生书写这副对联时，就能利用这特殊的"错别字"引导学生欣赏对联书法作品的巧妙和创作者的智慧。

2. 创作对联，展示对联创作的智慧之美

美育是审美教育、情操教育、心灵教育，也是丰富想象力和培养创新意识的教育。因此，对联教学中的美育渗透就不能仅仅停留在朗读和欣赏中，还要积极创设条件和平台，让学生参与到对联创作实践中来，让学生发挥自己的聪明才智，引导学生自觉地感知美和创造美。

当学生系统地掌握了对联的基础知识并背诵积累了一定的对对子的启蒙材料——《声律启蒙》和《笠翁对韵》之后，教师就可以循序渐进地开展对联创作活动。对于低年段和中年段的学生，可以从属对开始。先对单个字的对子，如"晨"对"暮"，"山"对"水"；再尝试词语对子，如"古柏"对"苍松"；然后延伸到短语对子，如"垂钓客"对"荷锄翁"，"山重水复"对"柳暗花明"；进而拓展到简单的联句，如"泰山千年立"对"黄河万古流"。对于高年段的学生，教师可以开展主题对联创作竞赛、有奖"征联"等活动，如"我写对联赞学校""我用名字写对联""弘扬社会主义核心价值观有奖征联"等。如此这样，由浅入深、由易到难、由宽到严地带领学生接触对联创作，去锤炼语言，去玩赏声韵，追求表达创新和思维创新，创作出形式和内容兼美的对联佳作。

总之，基于对联雅俗共赏、文情并茂、怡情益智等特点，在小学语文对联教学中进行美育渗透，有一举两得的效果。学生通过朗读吟诵、理解赏析、书写创作等活动，既能在提升自身人文素养的同时传承对联这一优秀传统文化的瑰宝，增强文化自信；又能在欣赏和体悟对联的声韵节奏美、语言技巧美、思想情感美中，不知不觉地受到审美的熏陶、情操的陶冶、心灵的润泽，从而成为一个真正意义上全面发展的人。

参考文献

［1］教育部.义务教育语文课程标准（2011年版）［S］.北京：北京师范大学出版社，2012.

［2］赵学姝，任海林.探析小学语文教学中巧妙渗透美育的策略［J］.考试周刊，2020（58）：37-38.

［3］田永茂.小学语文教学中渗透美育教育的策略探析［J］.课程教育研究，2020（3）：44-45.

［4］许敏玲.小学语文古诗教学中的美育渗透［J］.课程教育研究，2019（19）：40-41.

［5］吴金华.对联教学，重在教出"趣"意［J］.福建基础教育研究，2017（7）：42-43.

［6］江高周.小学语文课堂对联教学的现状及教学策略尝试刍议［J］.中国校外教育，2015（29）：87.

实现语文"五智课堂"教学模式的
方法与途径初探

深圳市宝安区黄埔小学　吴一思

　　语文"五智课堂"教学模式是指语文教师在统整式语文教学观的指导下，遵循小学生的身心发展，以语文教科书的教材为依托，对教材内容及课外丰富的学习资源进行重构、统整、有效的融合而建立起来的，让学生的语文素养和语用能力得到有效提高，让学生成为智慧型人才的较为稳定、高效的课堂教学活动操作样式。

　　语文课程是为其他学科打基础的课程，是一门能全面提高学生听、说、读、写能力和语文素养的综合性课程。以教材为依托，以一堂课中的不同训练点为线索，将课内外课程资源加以统整，重新调整或重组教材内容，使其融合为一节让学生受益的课堂，这种教学模式可以实现效率更高的教学，促进学生听、说、读、写能力的整体提升。

　　"五智课堂"可以分为五个环节进行授课：其一，感知教材的智慧研究（智感）——初步感知，基础过关；其二，探究问题的智慧研究（智探）——探究问题，点燃智慧；其三，汇报展示的智慧研究（智展）——自信展示，善意点评；其四，课堂训练的智慧研究

（智训）——巩固知识，巧训精练；其五，拓展延伸的智慧研究（智拓）——每课一拓，开窗旷视。

下面从几种具体课型来谈谈"五智课堂"的教学模式。

一、单元导读课

单元导读是教材中每个主题单元开篇的第一课，是编者的意图体现，介绍了本单元的主题和主要内容，并指出主题课文的学习方法和训练要点，对整个单元教学起着导航、定向的作用。因此，单元导读课是此单元其他课的首要，起着火车头的作用。单元导读课导得好，本单元的其他课就能更加顺利地开展。上好单元导读课，需要从以下四个方面努力。

（一）智感

感知主题，掌握方法。让学生朗读和背诵"单元导语"的内容，在优美的语言中，整体感知单元主题，初步理解本单元所要运用的阅读方法和学习方法，最好能够背诵其中精彩的部分。

（二）智探

导航助学，智慧探究。在学生了解了单元主题的基础上，教师要将编者的意图落实到学生的学习实践中。教师出示自学导航，让学生带着问题默读本单元的四篇课文，并做批注式阅读。根据课文内容画句子、圈出关键词，用特定的符号（如横线、波浪线、三角号等）做标记，并在旁进行批注。接着让学生比较四篇文章的异同，从文章内容主旨到写作手法、表达方式等方面的比较，引导学生在比较中深入探讨文本，并提出质疑。

（三）智展

分组交流，智慧展示。在合作中学习，在交流中探究，能够集思广益，发散思维。在学生完成自学导航后，进行小组合作学习，交流答案，最后通过小组的形式上台展示，展示过程：朗读——分享感受——分享答案。台下的小组可以在展示完后进行补充、质疑、反驳。与此同时，教师应为学生提供个性化阅读、表达的平台。

（四）智训

当堂训练，内化知识。为巩固学习效果，在完成学习导航后，教师发下题量适宜的测验卷，让学生当堂完成。测验卷题量要适中，考查的主要是这个单元的大框架知识点，从基础字词到句子到段落再到文章的理解，题目要有梯度性。从而深化单元主题，让学生初步把握本单元的阅读技巧。

二、读写联动课

阅读最终要落实到写上，读是理解，写是表达，读后将学到的表达技巧运用到写上，让表达的内容更加清晰。读写联动课是指通过学习一篇课文，按照单元导读指示，提取其中的写作方法、表达方式，让学生进行模仿，输出形式可以是句子、段落或片段。读写联动课是落实语文教学的重要课型，是培养学生语文核心素养的最直接体现。上好读写联动课，能有效地提高学生的写作能力。

（一）智探：依托文本，提取特色

首先要解决怎么写的问题。教师引导学生在本篇课文中提取最突出的写作技巧，如文章开头的方式、结尾的方式，或者是专题式的如场面描写、外貌描写、动作描写等，或者是某个面的描写，如事例+感悟。只要是在这篇文本中最突出的、最有价值的，都可以挖掘。

（二）智拓：拓展阅读，以文带文

掌握了方法，那就要巩固，加以理解，并学会如何在大脑里收集素材，解决写什么的问题。

于是，教师以课文为依托，引导学生提取出最有特色的写作方法后，出示同类型的文章，并让学生进行拓展学习，帮助学生理解并提取写作技巧，以便多角度地去模仿，发散思维，为习作联想做好铺垫。

（三）智训：展开联想，智慧写作

解决了怎么写、写什么，接下来就是让学生进行当堂习作。教师可以创设情境，利用图片、故事或者影片，让学生进入创作情境，更好地展开联想，调动积累，让学生有话可写。

（四）智展：文段展示，个性点评

进行了一定时间的习作后，教师可以展示学生的优秀习作或片段，让学生进行评析，在面批的同时又让其他学生得到启发。

三、单元分享课

记忆是反复的过程，学习是巩固的过程，只有重复再现相关知识，学生才会记得住、学得牢。于是，单元分享课就显得十分必要。学生在学完整个单元的课文后，在教师的带领下进行回顾、归纳、总结、升华。单元分享课具体操作如下。

（一）智感：回顾单元，深层感知

学完整个单元的课文后，学生心里已有了一个学习框架，有了心理图式。带着这个框架图式，通过朗读课文重点段落，进行回顾，唤醒学生的记忆，在琅琅书声中巩固知识。

（二）智展：课后积累，个性展示

这是单元分享课的重头戏。学生在课后收集与本单元主题相关的资料，可以是名言、诗句、片段、文章等，以个人、小组等形式进行朗读展示和感受分享。单元分享课要面向全体学生，让全员参与。教师应激励学生勇敢上台，鼓励台下的学生进行智慧点评。

（三）智拓：升华主题，走向文化

教师在单元分享课最后向学生出示自己收集的资料，升华主题，触类旁通，让一篇走向一类，让文本走向文化，让民族精神、传统文化走进学生心里。

四、结语

在实施"五智课堂"教学模式时，还要注意以下几点。

（一）"五智课堂"教学模式中的"五智"

智感、智探、智展、智训、智拓，它不是一个封闭的组合，而是一个可以灵活变换的开放概念。在一些课型中，根据课型的特点和课文需要，教师教学可以变换其中的顺序甚至跳过某一个环节，直接进入下一个环节，以便收获更好的教学效果。

（二）"五智课堂"教学模式对教师提出了更高的要求

在智慧感知中，多次运用自学导航的构建，需要教师做到对文本的把握全面、对教材的解读准确、对新课标教学理念的科学贯彻。智慧展示，是"以学生为主体，以教师为主导"的新课程教学理念的体现，要求教师有较强的课堂调控能力和教学组织能力。智慧拓展，是大量课外知识的展示，需要教师的深度阅读和广度阅读，才能在广阔的信息海洋中淘出金子，供学生开阔眼界。所以，作为"五智课堂"的主导者，教师需要不断加强自己的专业能力和教学技能。

（三）"五智课堂"要突出以生为本

阅读是学生个性化的行为，不是简单的知识输入，而是再创造、重生成，是学生在教师的引导下，发生思维碰撞、擦出智慧火花的过程。所以在"五智课堂"中，教师要突出学生的主体地位，放手让学生去思考、去探究、去表达、去展示。

（四）"五智课堂"要落脚于培养学生的语文核心素养

无论是哪一种课型，都要专注于培养学生的核心素养，提高他们的语言能力，锻炼他们的思维能力，提升他们的审美情趣和文化修养。

参考文献

［1］王丽萍.探究式教学模式在小学语文课堂教学的实验研究［J］.
小学语文，2012（6）：60–61.

［2］赵海燕.探究式教学模式在小学语文教学中的应用研究［J］.课
程教育研究，2012（8）：112.

［3］黄玲玲.小学语文课程中探究式教学模式的应用举例［J］.语文
学刊，2012（10）：23–24.

浅析如何分段进行写作能力的培养

深圳市宝安区海韵学校　钟　婷

写作能力是学生语文素养的体现，所以培养学生的写作能力应该从入学开始，做到循序渐进。

一、低年级阶段重在培养兴趣

兴趣是直接推动儿童作文的一种强大的内在动力，而人的兴趣总是建立在一定需要的基础上的。要使学生愿学、乐学，首先要调动学生的学习兴趣，这一点对启蒙作文的教学尤为重要。因此在低年级阶段作文教学中，注重学生作文兴趣的培养，使学生在日常生活、学习和活动中养成从仔细观察周围事物到敢开口说的习惯，从而解决学生作文"无话可说"和不知"怎么写"的问题。

第一，注重培养学生的观察兴趣。观察是写好片段作文的基础，在片段作文教学前，教师要教给学生观察的方法，引导学生进行观察，并在观察的过程中口述观察内容，这样既能使学生在交流中受到启发，又能及时反馈观察情况，为写作奠定基础。在引导学生观察时，教师应特别要求他们观察仔细、全面。首先，要对客观事物的颜色、形状、味道进行全面感知。其次，教师要调动学生运用多种感官去感知事物和培养学生的观察兴趣，如眼看、手摸、鼻嗅、嘴尝等。最后，必须做到从整体到部分，按事情的发展顺序进行观察，切忌漫无目的，观察无重点（东看看，西看看），观察不稳定（忽略细节，观察不细致）。

第二，注重积累语言，培养学生说写的兴趣。从一年级下学期开始，教师可以指导学生每天写一句话。例如，把每天看到的、听到的、做过的、想过的事写成一句完整的话。另外，教师针对课文中文情并茂的句子或片段指导学有感情地朗读，让学生感受到语言文字的魅力，从而激发他们想说、想写的愿望。

二、中年级阶段仿写片段激发兴趣

中年级是写作真正的开始阶段，这一阶段应注意求稳，教师要加强指导，让每位学生都会写，切忌提高难度，因为只有让学生感受到成功，他们的写作兴趣才会被激发出来。中年级作文教学开始以片段训练为主，逐步过渡到短篇习作，因此中年级作文教学当以片段为基础。片段作文教学的方式很多，一般可采取以下三种形式。

1. 调整错乱的句子成段

这类训练的关键在于抓住作者的思路，明确作者是按什么顺序写的（时间、方位、总分、事情的发展顺序），注意分析那些表明顺序的重点词语，让学生掌握组段的技巧，为写作打下基础。

2. 提问题或用提纲写段

这种训练要求具体，学生容易写作。例如，让三年级学生写《我的文具盒》时，我是这样做的，给学生列出了以下问题：①你有一个什么样的文具盒？②是谁从什么地方给你买来的？③它的构造如何？④它的使用方法怎样？

先引导学生根据问题口述交流，然后让其写下来。结果，学生们写得十分生动，展示出了文具盒的不同特色，避免了千篇一律、生编硬造、无真情实感的现象。

3. 结合课文写段

在教学《我爱故乡的杨梅》一课时，我给学生出了相似的题目《家乡的桃树》，先让学生去农家的果园或上网查看图片，仔细观察桃树枝叶的颜色、形状以及果实的形状、大小，让学生说说桃子的味道（熟透的，没有熟的），并让学生回忆桃树什么时候开花，花的颜色、形状、气味等。通过观察让学生口述交流，然后让学生练习写作，大多数学生能写得真实、具体，收到了良好的教学效果。

三、高年级阶段阅读教学和作文教学相结合

阅读是写作的基础。因为阅读是吸收，写作是表达，要想表达得好，必须吸收得好，所以，要想有较强的写作能力，必须具备较强的阅读能力。进入高年级以后，学生基本掌握了常用字，因此阅读的重点不再是读准字音、读通句子，而是要体会情感，学习写作方法。

首先，积累内化训练。只有结合语境的积累、情感的积累，才易于被内化。因此，阅读教学是促进语言材料内化的途径。课文讲完以后，我让学生选择自己喜欢的片段，有感情地朗读或背诵，释放情感，在读中明意，在读中感悟，在读中吸收，并把好词、好段积累下来，日积月累，学生的词汇量丰富了，写出的文章也就充实了。

其次，在熟读文章、理解文章内容的基础上，指导学生概括文章的写作特点。每一篇文章都有它不同于其他文章的个性，通过概括特点，既是对文章的整体回顾，又是为今后的写作做好充分的铺垫。

最后，借鉴方法。说说自己在写同类文章时，写作可以借鉴的地方，这是阅读过程的最后一个环节，也是下一步读写知识迁移的一个起点。它犹如搭在读写之间的一座桥梁，让学生跨过桥梁顺利到达知识彼岸。在阅读教学后进行仿写、叙写，趁热打铁，也是练习写作的最好时

机。学完人物篇就仿写人物，学完景物篇就仿写景物，学一类，仿一类，让学生有样可照，仿得轻松，练得愉快。先从学到仿，然后是创造写，最后是学会写，写出自己的风格和特点。

学生写作能力的培养不是一朝一夕的事情，需要教师悉心和耐心地指导，更需要学生自己不断地积累与练习。

2

有意思的语文课

小学语文《昆虫记》导读课教学设计

深圳市宝安区海韵学校　曾湘润

名著导读课关键在于"导"和"读"。"导"指引导和指导，实际指以教师为主导，通过设计环节激发学生的阅读兴趣；"读"指朗读和阅读，实际指以学生为主体，读出作家的情感及思想。

一、教学内容分析

《昆虫记》是法布尔用其毕生精力，详细地观察了昆虫的生活和为生活以及繁衍种族所进行的斗争而写下的笔记，共十册，每册包含若干章，每章详细、深刻地描绘一种或几种昆虫的生活，如蜘蛛、蜜蜂、螳螂、蝎子、蝉、甲虫、蟋蟀等。这部作品语言生动有趣，详略得当，阅读时，不会感到枯燥、乏味，就像步入了童话世界，能充分领略昆虫世界的神奇。

二、学情分析

三年级学生已有了一定的阅读量和字词积累，基本能把简单的故事读下来，在指导学生读准昆虫名字的基础上，如何促进学生主动阅读名著，激发他们的阅读兴趣，创设情境帮助学生理解书中所表达的昆虫世界中与人一样的性格特点，体会科学性与艺术性的融合，这就需要教师在名著导读课的教学设计上下功夫。

三、教学目标

1. 走进昆虫世界，领略神奇世界，感受自然魅力。

2. 了解法布尔倾其一生研究昆虫、撰写《昆虫记》所做出的努力和牺牲，感受科学性与艺术性的融合，带入人性的思考。

3. 结合《昆虫记》选文，培养学生对大自然与生命的热爱之情，激发学生阅读名著的兴趣。

4. 重点：感受自然魅力和昆虫世界的趣味性。

5. 难点：激发学生阅读名著的兴趣。

四、教法

情境代入法、小组自主探究合作、联系生活法。

五、教学过程

板块一：导入内容新颖有趣——巩固旧知，学生实践活动作品激发兴趣

（1）根据昆虫备忘录亲近大自然，记录昆虫，学生课前准备昆虫小知识，说出昆虫名字，巩固旧知（板书昆虫名字）。

（2）引出法布尔及其简介。

（3）引用法布尔的一句话"我可爱的小虫们"导入课题。

（4）提问：可爱之处在哪？（生答：外形、动作、习性）

（5）师总结：虫子与人一样，是有性格的，有高低贵贱、长幼之分，也有悲欢离合、爱恨情仇；法布尔正是用细致入微的观察和对生活世事特有的眼光，带入自己对于人性的感悟理解，写出了经典名著《昆虫记》。他认为昆虫跟人一样有性格，就像我们许许多多、形形色色的人类。下面就让我们进入昆虫王国一起去看一看它们。

设计意图：由于学生在之前学习过汪曾祺的《昆虫备忘录》，所以对昆虫有一定的了解，同时在科学课上学生也接触了蚕这类昆虫，学生对昆虫的好奇与兴趣是开展本课的基础，那么就让学生自己课前准备昆虫小知识分享给大家，包括名字、外形、习性等，因为城市的孩子接触昆虫世界比较少，这样就拉近了学生与昆虫的距离，利于本堂课的继续开展，既扫除了学生的阅读恐惧心理，又能让学生认识到，我们对生活在周围的昆虫的了解只是浅层次的，要想真正地了解它们，就要去认真阅读法布尔的《昆虫记》。

板块二：创设情境丰富学生活动——开展小组合作活动进行思维训练

为了充分发挥学生在课程学习中的主动性和创造性，教师创造了动物王国情境，让学生在兴趣指导下大量阅读文段，同时设置导学案，为学生搭建了自主合作交流的阶梯。

1. 根据导学案，为昆虫选择合适的职业

假如你是昆虫王国的经理人，需要帮助以下昆虫安排合适的职业，你会怎样分配呢？联系文本连一连，让学生说出理由。

（1）螳螂片段。

① 螳螂片段：生回答，阐述理由。（根据生活、抓住字词说明）

② 观看螳螂捕食的过程视频——心理学家。

③ 对比视频和法布尔的文字描写段落，体会两者的不同：法布尔的文字更能让我们想象出当时的画面，把动作拉长了，非常细致入微。再次阅读法布尔的文字描写，体会法布尔文字描写的精细和准确。

（2）蜜蜂片段。

生回答，并联系生活实际，想一想身边的人或事情，发掘守门人的品质。

（3）萤火虫片段。

生阐述理由，自由合作讨论。

假如你是昆虫王国的经理人，需要帮助它们安排合适的职业，你会怎样分配呢？联系文本连一连。《昆虫记》导学案见表1。

表1　《昆虫记》导学案

螳螂在做出这种令谁都惊奇的姿势之后，一动不动，眼睛瞄准它的敌人，死死盯住它的俘虏，准备随时上阵，迎接激烈的战斗。哪怕那只蝗虫轻轻地、稍微移动一点位置，螳螂都会马上转动一下它的头，毫不客气地立刻动用它的武器，接着这个残暴的魔鬼胜利者开始得意地咀嚼它的战利品了。螳螂这种死死盯人的战术，其目的是希望在战斗未打响之前，就能让面前的敌人因恐惧心理而陷于不利地位，达到使其不战自败的目的。因此，螳螂现在需要虚张声势一番，假装什么凶猛怪物的架势，利用心理战术，和面前的敌人进行周旋。 （你觉得在捕捉昆虫之时，此时螳螂内心会想些什么呢）	麻醉师
这一只用自己的身躯顶住门口充当老门警的蜜蜂，看起来比谁都沧桑和年老，事实上它正是这所屋子的建造者，现在工蜂的母亲，也许三个月以前，它还很年轻的时候，它曾经为了自己和后代们在这里单枪匹马地辛勤工作，每天都干得筋疲力尽，一直到现在才得以休息。不，它仍然没有停下劳动，它还在用它微薄的余力守卫着这个家。它已经不能再做母亲了，可是它依然能够为家人守卫大门，抵挡不速之客。 （你觉得这个小蜜蜂具有什么样的品质，你想对它说什么呢）	心理学家
萤火虫的捕食对象多为蜗牛。在捕食时，一只萤火虫会像人类进行外科手术一样，先给蜗牛注射一针麻醉剂，使它失去知觉。萤火虫用它的工具反复轻轻敲打着蜗牛的外膜，看起来就像两个小伙伴在一起玩耍时，用两个手指头互相握住对方的皮肤，轻轻揉搓。或者说，更像是萤火虫在轻轻地"扭"小蜗牛，它扭得恰如其分。萤火虫只需要扭动五六次，就能让蜗牛无法动弹，因为它已经被毒汁麻醉了。 （从哪句话中看出它特别适合这个职业呢？说说你对它的印象吧）	守门人

设计意图：让学生联系实际生活和抓住文段中的重点词句去完成，从中带入人性的视角，体会原来昆虫的一些方面跟人是一样的，简单体会人性与虫性。这样有利于学生初步感受文字的别样魅力，同时播放关于"螳螂捕蝉"的生物视频，既给予学生最直观的感受，又能让其把视频与文字相结合起来，发现名著中关于昆虫的语言描述是如此贴切、生动以及自然，从而真正感受语言的魅力。

2. 根据导学案，为四种昆虫取目录标题

你们要去应聘小编者的职位，出版社说谁能把这些文段的标题取得更好并吸引大家去读，冲刺销量冠军，谁就能成为小编者。

生自由阅读文段，合作讨论，取合适的标题，并说明理由（魔术师、服装模特、演员、纺纱工厂老板、不要钱的演唱会……）

写作范例：

大孔雀蝶美丽非凡，全身披着红棕色的天鹅绒外衣，脖子上还系着一个领结。它的翅膀上点缀着黑色和褐色的小斑点，一条浅白色锯齿形的线横贯中间；翅膀边缘有一圈灰白色；翅膀中央有一个圆圆的斑点，好像一个大眼睛，这个"大眼睛"还有黑得发亮的瞳孔和一些色彩丰富的弧形眼帘，那些弧形线条有白色、栗色和紫色等色彩，在阳光的照耀下真是变化万千。

————————————————

蟋蟀是在它自家门口演唱的，在温暖的阳光下，从不躲在屋里自我欣赏，翼鞘发出"克里克利"柔和的振动声，音质圆润饱满，声音非常响亮，而且延长之处仿佛无休止一样，整个春天寂寞的闲暇就这样消遣过了。它在歌颂照在它身上的阳光，供给它食物的青草，给它居住的平安隐蔽之所，从每棵小树到每根树枝上，都飘出颂扬生存的快乐之歌。

条纹蜘蛛的巢是用丝制成的，产完卵后，为了让孩子们舒适地度过冬天，给孩子们建巢，建造一张杂乱无章、错综复杂的网，这个网就是巢的墙壁，它随心所欲地从体内抽出颜色各异的丝，来装饰自己的巢。它拥有一个多么神奇的纱厂啊！靠着这个简单而永恒的工厂——它可以交替做着搓绳、纺线、织布、织丝带等各种工作，而这里面的全部机器只是它的后腿和丝囊。

把黑布甲从不高的地方掉落到桌子上。只见它仰面朝天，一动不动，显然已经死去。但是这只死去的虫子，没过多久就自己复活了，它的跗骨微微颤抖，前爪跗骨先抖起来，触须和触角缓缓摆来摆去。这是苏醒的征兆。后来实验发现，当它认为过于狡诈，耍花招全都白费气力时，便舍弃装死的绝招，逃之夭夭。

设计意图：学生在第一个环节的阅读和讨论中有了理解基础，对昆虫的习性等有了一定了解，接着选取了一些书本中有意思的文段进行大量对比阅读，让学生在感兴趣阅读文字的同时，发挥自己独有的想象力和理解能力，完成给文段取合适的标题这个任务。两个环节循序渐进，符合学生认知规律，都给学生创设了一定情境，让学生不是枯燥地去读文字，读懂文字，而是在闯关情境中去设置问题，激发学生想要去读，想要去理解和表达的兴趣，从而达到教学目的。这是一个跟学生聊书的状态，也是教学设计的理想状态。

板块三：设置问题，留有悬念

（1）运用提问法设置悬念以及一些书本的有趣插图来激发学生想要进一步阅读《昆虫记》。

（2）师总结：《昆虫记》的确是名著中的经典，是由人类杰出代表法布尔与自然界众多的平凡子民——昆虫，共同谱写一部生命的乐章，它将科学性与艺术性完美融合，是一部永远解读不乏的书，如果你们拿到此书阅读完之后，相信你们会有不同的收获。

设计意图：在课堂交流中，学生已经对昆虫的文字描写产生了浓厚兴趣，此时趁热打铁，运用提问法设置悬念以及一些书本的有趣插图来激发学生想要进一步阅读《昆虫记》，基本能够让学生根据引导结合人性的角度去了解昆虫世界，并有兴趣读完整本书。

整本书阅读的导读课比其他的课型较难设计，特别是与《昆虫记》题材类似的文艺性科普作品的读前导读课，需要通过丰富多彩的语文实践活动，做到"导之有趣，读之有道"。俗话说："读一本好书就是与伟人对话。"而名著无疑就是一本好书，毕竟它经得起时代的考验，经久不衰，同时给读者带来许多精神营养。但在现代制度下，如何让学生走出"功利性阅读"的思想枷锁，从浅阅读到"悦读"？这就需要教师在名著导读课上多下功夫，慢慢摸索，精心设计，从而激发学生的阅读兴趣。

分门别类　对症下药

——浅谈三年级词语教学策略

深圳市宝安区文汇学校　黄　欣

在小学语文教学过程中，词语教学占据着十分重要的地位。词语是口语和书面语运用中必不可少的组成单位。要增强学生语言文字的运用能力，必须提高词语教学的效率。三年级学生已进入由识字到大面积接触词语的阶段，该阶段要求学生掌握的词语类别不一，难易不一，因此，教师有必要对该阶段的众多词语进行分门别类，根据词语的特点来"对症下药"，让学生较为灵活地运用词语。

一、"分帮派"，声情并茂理解词语

学生进入学习的中年段，不再仅仅局限于认识一些简单的汉字，而是需要认知更多的词语。众多词语，对于三年级学生来说仍有一定的难度，教师可以根据词语特点，先给所学词语分类，主要从学生认知角度出发，分为无须运用抽象思维能力（感官感知）学习和须运用抽象思维能力来学习两类。

（一）外观感受，直截了当地认知词语

无须运用抽象思维能力，也就是说，学生通过外部景象的刺激，感

官感知后就能掌握词语。这类型词语在小学中年段占了一部分，当在教学过程中遇到此类词语时，教师应该运用直观的教学方法。

例如，人教版小学语文三年级上册第11课《秋天的雨》中出现的"扇子、邮票、柿子、仙子、菠萝、杨树"这些词都是表示一种事物，可以通过展示图片让学生认识此类事物，这样能有效地让学生记住生词。又如，人教版小学语文三年级下册第1课《燕子》第3自然段描写了燕子飞翔时轻盈美丽的姿态，其中，在"空中掠过"的"掠"字，学生有点难以理解。这时，教师可使用flash让学生观看燕子在空中掠过的情境，学生一下子就明白了"掠"字的意思。

在教学过程中，教师采用向学生展示图片、展示实物、播放声音、播放动画等刺激感官的策略，既简单易操作，又能达到预期的教学效果。

（二）内化想象，加深学生对词语的理解渗透

词语不只是文字符号，更是一种义项表达。它不是无情物，它是有生命、有感情的。"字不离词，词不离句"，词语教学必须与课文、生活经验联系起来，只有融入情境去品读感悟，这样词语才会更具有生命、更具有意义。这需要学生在感悟理解词语时运用抽象思维能力，对于此类词语，在教学中，教师可从以下几个方面入手。

1. 从上下文中品味词语的内涵

在传统教学中，往往很容易把词语教学与课文教学分开，单独进行词语教学环节，这种模式很容易使学生学习感到疲劳，失去学习词语的热情。我们知道，大部分汉语词汇的意思不止一种，要理解某个词语的主要意思，还需要在上下文中品味词语的内涵。

例如，在人教版小学语文三年级下册第18课《七颗钻石》第2自然段中有这样一个句子："小姑娘喜出望外，真想喝个够。"句子中的"喜出望外"学生应该怎么理解呢？如果学生仅就字学词，从字面上会错误地把词语的意思理解为"喜欢某样东西达到要去外面看的程度"。在教学过程中，教师可从上下文的品读中引导学生思考，课文第1自然段交代了故事的背景：那年发生大旱灾，许多人和动物焦渴而死。第2自然段开头接着说小姑娘拿着水罐为她生病的母亲到处找水，这时可让学生说出此时小姑娘的心情——焦急、担心，"当姑娘醒来时，意外发现罐子里装满了清澈、新鲜的水，她此时此刻的心情又会是怎样的？"教师再让学生感受小姑娘的心情。"喜出望外"这个词语的意思就不言而喻了。

通过品读句子，从上下文中感悟词语的内涵，能快速地让学生理解词语的意思，加深学生对词语的印象，增强词语教学的效果。

2. 从生活经验中理解词语的意思

叶圣陶先生曾强调，要让学生在生活中学习，把学习回归到生活中去。语文教学强调，只有把语文知识和生活经验联系起来，才能体现语文的人文性和工具性特点。词语也是如此，在教学过程中，教师可以让学生将词语学习与自身生活经验联系起来，激活学生原有的认知结构，以旧带新，从而理解词语的含义。

人教版小学语文三年级上册第10课《风筝》第5自然段中有这样一个句子："我们垂头丧气地坐在田埂上，一抬头，看见远远的水面上半沉半浮着一个巨大的木轮……"句子中的"垂头丧气"如何能更准确地让学生理解它的内涵呢？我们从上文知道，孩子们在放风筝时，风筝飞着飞着突然不见了。这时，教师可让学生回忆放风筝的情景："当你们在快活地放风筝时，突然线断了，风筝找来找去都找不回，你们会有什么心情和行为？"孩子们会在回忆中体验到那种极为伤心的心情，自然而然会做出"垂头丧气"的动作。这样，"垂头丧气"不仅让学生记住了，也在学生脑海里被赋予了新的内涵。

自我体验是最能让学生理解和巩固知识的。教师应充分利用这种策略，以便更好地进行词语教学。

3. 从情境中感悟词语的感情色彩

小学生现阶段对抽象性知识并不敏感，教学过程应该更多以形象性、感受性的教育模式为主。在词语教学中，教师应善用情境性教学策略，让学生在情境中感悟词语的感情色彩。

人教版小学语文三年级下册第17课《她是我的朋友》第9自然段出现了"啜泣""呜咽"等词，第10自然段出现了"抽泣"一词，对于这几个词语，学生都知道表示"哭"的意思，但这几个词语所表示哭的程度不一样，感情色彩也不一样。如果让学生说出以上词语的含义，恐怕学生难以清楚地描述。这时，教师可营造情境，让学生假装自己在献血现场，正在为小女孩献血。刚开始时，"我"在啜泣，全身颤抖并迅速地用另一只手捂脸。过了一会儿，"我"又呜咽，随着医生越抽越久，血越抽越多，"我"开始竭力停止抽泣。学生代入角色后，这一系列"我"哭泣的变化，会让学生体会到"我"因越来越担心，导致哭得越来越厉害的情形，从而让学生感悟到这三个近义词的感情色彩是不一样的，表达程度也是不一样的。

情境教学可帮助学生在特殊语境中快速地掌握词语的含义，对体会词语的感情色彩、增强教学效率等方面具有重要的意义。

二、总结

在语言文字运用中，词语是重要的语言单位。小学阶段从三年级开始需要掌握一定量而又较为复杂的词语，只有在教学过程中运用有效的策略和方法，才能让学生轻松、准确地掌握词语的内涵。只有正确掌握词语，才能为说话写作打下坚实的基础，才能更好地提升学生的语文核心素养。

参考文献

[1]吴娜.小学语文词语教学现状及策略探析[J].教育现代化,
　　2016(31):155–156.

[2]赖建妹.基于语用视角优化词语教学[J].小学教学参考,
　　2017,9(22).

激趣，方能达共鸣

——《母鸡》教学有感

深圳市宝安区海韵学校　钟 婷

老舍笔下的《母鸡》，是部编版教材四年级下册第四单元的一篇精读课文，是老舍的另一篇佳作。老舍以细腻的笔触，通过先讨厌后喜爱的情感线索，描写母鸡的慈爱尽职，表达了作者对母爱的赞颂之情。在体会作者由讨厌到敬佩的情感过程中，我紧扣文章的情感主线引导学生把握作者的情感来梳理文章的脉络，定位学习目标，教与学便有了针对性。文章体裁决定了教师对教材的处理要求。由于课文语言风格比较口语化，直白自然，散发着浓郁的生活气息，读来令人感到亲切。学生一读便懂，因此应尽可能使教学过程的预设与教材的布局相吻合，即讲究主次，详略得当。上完这课，印象颇深。

一、成功之处

课前，由于母鸡是大家熟悉的动物，在农村几乎家家有，于是我布置了预习作业：观察母鸡，观察它的外形、习性、特点。合理、有效地运用农村资源，锻炼学生的观察力，并在生活中学到知识，不仅激发了学生学习的兴趣，而且让学生快乐地学。

课中，我设计了看图说话。特别是学完课文第二部分，学生深深地体会了母鸡伟大的母爱，因此我设计了小练笔——"写写自己在生活中感受到母爱的动人故事"。我认为课堂练笔巧而实。课堂上要尽量安排学生练笔，做书面作业。但是要坚持需要和适切的原则，不是一定要安排在课尾不可，也可以在形式上创新、要求上分层。课堂练笔要做到有实效，既是出发点，也是归宿。

课后，我让学生比较老舍写的《猫》和《母鸡》在结构与表现手法上各有哪些异同。比如，学生能分别找出类似的总起句，如"猫的性格实在有些古怪""我一向讨厌母鸡"等，分析体悟结构层次，且运用反语虽直白讨厌却暗含欢喜。例如，"（猫）不叫的时候，它还会咕噜咕噜地给自己解闷。这可都凭它的高兴。""（母鸡）有的时候，它不这样乱叫，而是细声细气的，有什么心思似的，颤颤巍巍的，顺着墙根，或沿着堤坝，那么拉长了声如怨如诉。"在比较欣赏后，让学生写动物的观察日记，这一设计，我认为是本节课的亮点，让学生从感悟文本走向自己的生活体验，把课文的语言艺术和文章结构运用到习作中去，这样做是很有必要的。

二、不足之处

在安排教学时，我让学生先学习有了鸡雏以后的母鸡，学生都能谈出自己的理解，都能抒发自己的感受。那么接下来，在讲学习感悟作者对母鸡的讨厌部分时，显然味道就不足了，因为学生已经对有了鸡雏以后的母鸡产生了崇敬之情，这样安排显然不太合理，我忽视了作者写作手法的体现：欲褒先贬、欲扬先抑、欲擒故纵，为体验后面的主情感"母爱"埋下了伏笔，并一以贯之。我本以为打乱文章的顺序进行学习更会促使学生探究，可是效果适得其反，所以，我认为自己在大的环节上安排得不够妥当，没有考虑细致。

　　总之，一堂出色的课必须是引起学生的兴趣与注意的，以学生为主体。相反，不管教师站得多高，看得多远，备课再怎么精细、新颖都是徒劳无获。只有学生学习的激情被调动起来了，学生和课文产生了共鸣，才是成功的课。

巧设悬念，引人入胜

——《动物王国开大会》教学反思

深圳市宝安区固戍小学　　汪冰心

　　《动物王国开大会》是一年级语文下册第八单元的一篇课文。相比其他课文，这篇课文的文字内容稍长，对于一年级的学生来说，是个不小的挑战。

　　于是，我先攻生字关。一个个生字像小蝌蚪般跳出来，我决定带着学生开辆火车认一认。绿皮火车、普快、特快、磁悬浮，大家玩得不亦乐乎，学习兴趣一下子就上来了。我趁热打铁："孩子们，生字宝宝说，你们认识单独的它们，如果它们回到课文的家里，你们还能认出它们来吗？"学生斗志昂扬："当然能认出来。""好，让我们打开课本，开始读一读吧。先自由朗读。"看着学生一个个摩拳擦掌，我暗自高兴。当教室里安静下来时，我对学生说："我们开始朗读比赛。第一组读第1、2自然段，第二组读第3、4自然段，依次类推，剩下四个自然段大家一起读。"学生特别开心。在学生此起彼伏的朗读声中，我又悄悄地将本文的重点语句——疑问句、祈使句，显示在大屏幕上。

　　师："为什么？"

　　生："我怎么没问清楚呢？"

师："请注意啦！"

生："明天上午八点，在森林广场开大会，请大家准时参加！"

第一遍，师生共读；第二遍，男女生对读；第三遍，带着表情和动作读。

还剩下最后的10分钟，生字得写一写。于是，我挑了"要""还"两个字专门指导。这两个字不仅是需要会写的生字，还是两个多音字。这节课就在学生的琅琅书声中和一笔一画中结束了。

第二节课，我把本文的"通知"拿了出来，重点学习。

课堂伊始，我对着我班学生发了一条通知：今天下午，请全体同学去开会！

马上就有学生提出质疑："老师，您没说今天下午几点？""老师，您没说去哪里开会？"

"对哦，我犯了跟狗熊一样的错误。你们真是火眼金睛。"

"通知的要点有哪些？我们一起捋一捋。"

"一、通知要有具体的时间；二、通知要有具体的地点；三、通知要明确参加者是谁。"

"请同学们翻开书本，看到课后的通知。我们一起来学一学。"

"请大家先来写一写。"

在学生写的过程中，我巡视了一番，发现很多学生对时间和通知时间不清楚，对参加人和通知人也弄不清楚。

于是，我在黑板上特别板书这两项并进行了讲解。为了加深学生的印象，我又让学生拿出《知识能力训练》，找到"通知"这道题，继续进行练习。

展示程度较差的学生作业，大家一起找错误，以此调动学生的积极性，并且帮助他们进一步掌握"通知"这种文本。

　　回头反思当时的课堂，我认为还可以让学生写一写"通知"，这样的话，学生能掌握得更好、更牢！

　　有遗憾的课堂才是真实的课堂，但让孩子有所收获和受益，我觉得作为教师，就了无遗憾了。

如何进行多种形式的识字教学

深圳市宝安区海韵学校　钟　婷

俗话说："人生聪明识字起。"识字是语文基础能力之一。识字是低年级语文教学的重点。如何让学生轻轻松松地识字，在快乐中识字？从一年级开始就可以训练学生观察字形，熟记字音，理解字义，形成良好的识字习惯。对于低年级语文识字教学，我觉得可以采用以下几种方法。

一、利用多媒体技术，培养学生识字兴趣

多媒体技术是将多种媒体形式组合的技术，具有各方面的优势，它在教师的"教"与学生的"学"之间架起一座科学的桥梁，发挥语言教学所不能替代的作用。多媒体是将声音、文字、图画、动画、视频等形式合理组合的技术，有利于创造生动有趣、对多种感官形成刺激的情境，对提高学生识字教学效率很有帮助。

1. 看视频，赏情境，激发识字兴趣

激发学生的兴趣，这是多媒体辅助教学的优势之一。通过多媒体技术，烘托场面，使学生在对课文内容充分感知的基础上加深对生字的印象，创设乐学的情境。小学语文新教材第一册的《数字歌》这节课，用

简洁明快的诗句，抓住生动的画面，教孩子欣赏观察，并学会一、二、三等几个简单的汉字。这是学生初学汉字的一节课，教师应极力创造好学习情境，让学生喜欢课堂、喜欢学汉字，并觉得学汉字既容易又有趣。课中我先播放一段视频，将学生引入情境，让学生对画中的美景有初步的感知；再让学生说出从画面上看到了些什么；最后让学生看图说话，从学文自然过渡到识字教学，学生兴趣浓厚，印象深刻。

2. 看动画，教笔画，正确识字书写

小学生的具体形象思维占主导，利用动画教学笔画，分析结构，运笔示范，把比较抽象的起笔、行笔、收笔等过程直接地展现在学生眼前，吸引学生的注意力。诱发学趣，易于理解笔画、结构等特点，便于记忆模仿。一般生字，学生都能自己"析形索义"；遇到难写、不易理解的字，教师要充分发挥电教优势，化难为易，使学生正确识字书写。例如，"鹰、辩、摔"等多笔画的难写字，可让学生跟着动画，完成书写一个个部首，再整合在一起。又如，一些易写错字，闪动笔画或偏旁，加强刺激。

二、在趣味活动中，激发学生识字兴趣

识字要有趣味性，"兴趣是最好的老师"。低年级学生年龄小，注意力不容易集中，所以教学要抓住孩子爱玩的天性，采用多种方式方法，激发学生兴趣，调动学生的学习兴趣，使他们由被动练习转为主动练习，从而积极参加活动，自主识字。

1. 玩部件，识字法

汉字都是由笔画、部首、独体字等部件构成的，教会学生运用部件构字认识生字。加上或者减去某个部件利用迁移策略，有效地认识新字的学法，如学习"鸡"字，用熟字"又"+"鸟"等于"鸡"；学习"木"字，由熟字"休"–"人"等于木；"众"字是由三个人字构成，

可记忆为"三人为众"。

2. 编故事，识字法

在教学中，教师通过直观手段、形象语言、生动故事把一个个抽象的汉字演绎活化成一幅幅图或一段段小故事，如学"会"时，教师边讲故事边写笔画："人像云彩那么多聚在一起，原来是在一起开会。"

3. 利用卡片，识字法

小学低年级的语文教材中要求认的字都是最常见的汉字，可以倡导学生自主地去识记这些字，或者与其他学生合作学习汉字。教室里有很多现成的物品，如门窗、讲课、黑板等，在上面贴上字卡，让学生看到什么就能认识表示该物品的字，学生还可用字卡做部件拼组识字，进行组字游戏，在自主学习或相互交流中愉快地识字。

4. 巧竞赛，识字法

学生好胜心强，在竞赛中识字，热情更高，可以采用小组竞赛、男女竞赛等。例如，教师可出示一幅画着大树的画，树上挂着写有生字的苹果，让学生举行摘苹果竞赛，看哪组摘的苹果多，或者让学生按顺序读字音、组词语分析字形、接龙竞赛，在激烈的竞赛中自主识字。采用竞赛法，效果非常明显。在低年级比赛识字教学中，可采用"加一加""减一减""猜一猜""讲一讲""画一画"等方法。

其中，"加一加"就是用熟字加偏旁的方法来学习生字，用学生学习过的生字加上偏旁变成新的生字。这样记忆起来就比较简单。同时，教师在上课的时候还可以利用游戏的方法来加深印象。让一些学生来扮演偏旁，一些学生来扮演学过的生字，让他们通过找朋友的游戏来记住生字，取得的教学效果不错。

"减一减"的方法就是把学过的生字去掉某一部分变成新的生字。比如，学习"去"字就是"丢"字少了一笔变成了"去"，"家"没有了房盖就成了"豕"。学习过程也可以变成游戏过程，让学生来扮演不同的生字，让他们说说去掉哪一部分就可以变成新的生字了，这样，课堂的气氛活跃了，学生学习的兴趣也提高了，记住的生字就多了。

"猜一猜"就是把字变成字谜让学生来猜。

"讲一讲"就是让学生把生字编成一个个小故事讲出来。

"画一画"就是让学生把字要表达的事物画出来，再和生字进行比较。

三、调动多种感觉通道，引导学生发现识字

1. 用好双眼，让学生学会观察

儿童总是睁大着眼睛看世界，因为世界对他们来说是一个陌生而新奇的，他们是用眼睛、用智慧甚至用整个心灵去感知周围世界的，用他们的双眼打开观察这扇大门，以观察为基础，让观察成为识字教学的一个有机切入点。在教学中，教师应引导学生在观察中发现识字方法，在观察中总结识字规律。

2. 解放嘴巴，让学生敢说敢问

在识字教学中，我常常鼓励学生把自己双眼观察到的字形特点大胆地说出来，把自己的想法、疑问提出来，这样能够更好地拓展学生的思维。例如，在教学"热"字时，一个学生问道："'热'字为什么有四点底？"话音还没落便有两只小手高高举起，一个学生说道："我们热起来的时候就会流汗，那四点就像我们流的汗。"另一个学生说道："四点底和火字有关，天气热的时候就像火在烧的感觉，所以'热'字有四点底。"作为教师的我，没开口说一个字，这个问题已经从两个学生的口中得到了圆满的回答。"那我名字里的'熊'字也有四点底呀，它也和火有关？"这个问题可难倒了大家，作为教师的我，用一个词语提醒了大家："小朋友们听过'熊熊烈火'这个词吗？"这下子知道这个词语的学生才恍然大悟，为同学们做出了解释。正是让学生敢说、敢

问，从一个"热"字的学习中，不仅认识了偏旁四点底，知道了四点底与"火"有关，还由此认识了"熊"字，学习了"熊熊烈火"这个词语，使学生的思维空间得到了拓展。

3.解放头脑、身体，让学生敢想敢做

在识字教学中，学生发挥想象，让身体动起来，用肢体语言，让一个个静止的生字都活起来。例如，在教学"人、从、众"等汉字时，我就让学生大胆想象，用自己的身体来表现字形。人：一个学生单独张开腿站；从：两个学生并排张开腿站；在他们后边的一个学生站在凳子上，他们三个合在一块就变成了"众"字。在学生自己的想象中，亲身实践中，很快熟记了这三个字。又如，在教学"摇、拍、蹲、跑、踢"等一系列表示动作的字时，先让学生分析字形、偏旁，实记生字，然后出示单个生字，让学生根据生字的意思，做出相应的动作，避免了机械记忆的单一枯燥，让学生在身体动起来的同时，大脑也有机地动起来，在这样的"动"中，拓宽学生的思维空间。

四、字词句同步，多渠道地训练学生识字

在教学《乌鸦喝水》这一课时，为引导学生认识"渴"和"喝"这两个生字，教师可引导学生在课文词句中认识这两个字的形和义。从"一只乌鸦口渴了，到处找水喝"这句话引导学生理解：口渴会想到什么（口渴想到水），"渴"与水有关，所以口渴的"渴"是"氵"旁；再理解喝水要用口，"喝"与"口"有关，所以喝水的"喝"字是"口"字旁。同时教师引导学生结合自己的生活语言环境，用生字组词、造句，通过字词句说写同步训练，加强对生字的理解、认记和运用。

通过多渠道、多种方法，鼓励学生在生活中识字，既是识字方法的积累，也是识字在生活中的应用，如引导学生出去游玩时，认识车站牌、广告牌等；让学生互认学生证上的姓名；收集商标、小食品袋等认

字；买东西时认字；在电视字幕中认字；阅读课外读物时认字……让学生留心生活中的汉字，主动去识字，不断增加自己的识字量，并使自己自主识字的能力得到提高。

总之，识字教学的方法很多，教师可以通过多种途径和方法，不仅要让学生从中感受到学习和创造劳动的快乐，还要让学生通过练习真正掌握运用识字法和汉字知识的技能，从而养成自学汉字的能力，培养创新意识，提高学习的能力。在识字教学中，教师应给学生个性以发挥的余地。

赞科夫说过："要求一律，就会压制个性，从而也就压制了学生的精神力量，阻碍了学生的一般发展。"要提高儿童识字的能力，我们必须在汉字教学中采取多种形式，想方设法地丰富学生识字的方法，让学生不觉得学汉字枯燥无味，而应让他们快快乐乐地学习，把祖国的语言文字学好。

"自主识字"课题教学实践浅谈

深圳市宝安区黄埔小学　吴一思

我校引进李虎自主识字课题,旨在让学生进入早期识字,增加学生的识字量,为大量阅读做好准备;在课题实践开展中,探索出一套"家校合力、分散作业任务、合理安排学时、建立激励机制"的实践模式。

低年级的语文教学主要以识字、认字为主,《义务教育语文课程标准(2018年版)》指出:"第一学段(一、二年级)认识常用汉字1600~1800个,其中800~1000个会写。""自主识字,同步读写"是我校2011年就开始引进的课题,旨在增加学生识字量,尽早进入大量阅读的阶段。在2015年继续开展的基础上,2016年秋季再次引进此课题,有了以往的经验,站在前人的肩膀上,这一路走得更顺畅。

一、开展自主识字

开展自主识字,大量认字有以下几个方面的原因。

(一)早期识字能启迪智慧

首先,"人生聪明识字始"。许多国家的科学家通过研究发现,早期识字对提高智商具有举足轻重的作用。"早识字,早开智",我国语言文字专家安子介研究发现,与西方的拼音文字相比,汉字具有音、形、义三个方面的特点，它同大脑左、右半球的开发有着极大的关系，这种文字被称为"复脑文字"；拼音文字（如英语）主要与大脑左半球的使用有关，被称为"单脑文字"，美国和法国的很多幼儿园为了防止幼儿用脑的"跛脚现象"，专门开设了汉语课程。新加坡的科学家对日本东京很多所幼儿园的研究证明，接触汉字越早，孩子的智商越高：3岁开始学汉字，智商可达130；4岁时开始学汉字，智商可达120；5岁时开始学汉字，智商可达95。其次，识字能培养孩子养成受益终身的阅读习惯。孩子越小，可塑性越强，越早过汉字关，孩子越容易养成良好的阅读习惯。成功学认为，一个人80%的知识来源于阅读，所以有了良好的阅读习惯将受益终身。最后，识字能树立孩子的学习自信心。良好的阅读习惯必然带来良好的学习习惯，阅读过程是非常复杂的思维过程，有良好阅读习惯的孩子的理解能力和独立思考能力很强。

（二）识字能力是学习能力的基础

识字既是阅读和写作的基础，也是文化素质养成和提高的第一步，特别是低年级学生的识字能力还关系到开发儿童的智慧潜能，发展他们的创新精神和创造能力，这就决定了识字教学是小学低年级语文教学的重点。阅读是一个人与社会接触交流的窗口，是开阔视野的途径。据专家调查研究，一个人只有在识字量达到2500个时，才能进行正常的阅读，2500个识字量要到第二个学年段才能实现，所以识字量的滞后直接导致阅读的滞后。为了提前让学生进入阅读阶段，我们有必要尝试通过多条途径让学生多识字，提前完成2500个识字量的任务。

二、"自主识字"的策略及效果

在实施"自主识字"教学的过程中，探索了一系列的策略，并收到了一定的效果。

（一）动员家长，形成家校合力

在开展课题前，课题组做了大量工作。首先，在2015届年级组就有四个语文教师接受过"自主识字，同步读写"的课题培训，并且多次观摩2015届教师的自主识字课堂，为这一次的课题开展打下了基础。其次，吸收前辈的经验，从各个方面去了解上一届课题开展的情况，收集各项资料。最重要的是，在开展之前，课题组动员了一年级250位家长，请相关专家来校给他们进行培训，促进他们在活动中起到监督与合作的作用。向他们强调大量认字是时代的呼唤以及阅读的重要性，在思想上引起他们的重视，接着教会他们使用识字卡的策略。在家长的辅导下，一年级小学生通过"看图猜读""折叠确认""星级检测""同步阅读"等游戏，自觉主动地快速识字。

（二）分散任务，形成作业习惯

要在短时间内认识2500个字，对于大部分一年级小学生来说，是有一定困难的。根据家长反馈，家长和孩子在开展初期都出现了不同程度的焦虑。为此，采取了分散任务的策略，每晚固定15分钟读自主识字卡的家庭作业，减轻压力，形成作业习惯，在一定程度上缓解了学生的压力和家长的焦虑，为后续的开展积蓄了力量。

（三）你追我赶，形成激励机制

在初期，由于经验的缺乏，班级过关人数并不多，学生的竞争也不强，整体识字氛围不浓。在进行了中期总结之后，根据2015届一年级的经验，采取了改进措施。最重要的举措是建立有效的激励机制，形成你追我赶的局面，大大地推动识字过星级进程。具体如下：在网络上，引起家长的重视，提高思想意识；定期反馈星级过关情况给学生和家长，形成无形的评价机制。最重要的是建立梯度性的奖励制度，一星级至十星级，都有相应的奖励措施，如奖励小红花、小红旗、表扬信等，尤其是对十星级学生进行隆重的表扬和颁奖。这一奖励机制有效地激起了学生过星级的热情，整个班顿时形成了你追我赶过星级的局面。在11月只有2位十星级学生，到12月底就已经有了19位十星级学生，有效证明了奖励机制的作用。零星级也大大减少，从十几个减到一个。

（四）每周一节，注重自主趣味

为了有效地检查学生的识字过关情况并进行及时的引导，每周固定开展一节自主识字课。课堂教学基本模式如下。

首先，儿歌导入，让学生集中注意力，复习游戏方法，激发学生的学习热情。其次，让学生当场申报星级，以达到明确目标，自我导学的目的，在课堂上学生以不同手势示意本节课要达到的星级（一、二、三、四、五、六、七、八、九、十、大王），在教师了解全班学生达到的星级情况后，进行简单小结鼓励。再次，当场让学生自学申报达标的两张自主识字游戏卡，准备过关升级。又次，以4人小组开展星级展示台，让学生在合作中学习，在"兵教兵"中共同进步。将班级分为8个识字小组并配上编号，进行小组学习。然后根据申报星级，同学之间互相检测。由高星级检测低星级，或者同星级互相检测。最后，教学的环节为智勇大闯关，利用配套课件随机抽测，一般从低星级开始，逐渐向高星级闯关。展示的学生读对一个，其他学生跟读一次。常用词语随机指定造句，使不同层次的学生都能享受到成功的喜悦，激励全体学生快速向高星级努力。

此外，还可以尝试探索户外识字教学。把学生带到充满童趣的小花园里，进行自主识字，打破课堂的限制，营造了良好的识字氛围。

（五）效果展示，在反馈中激励

学生学习得如何，达到了什么程度，都需要有反馈。有反馈才会有继续进步的动力。制作识字报是最好的识字反馈方式，在开展初期，就要求学生制作亲子识字报，通过剪贴的简单方式，将认识的字贴在硬纸板上，配上生动有趣的图片，展示自己识字的本领和数量。通过张贴展示，让学生收获学习的成就感。这不仅锻炼了学生的动手能力，更营造了浓厚的识字氛围，让学生在潜移默化中受到文字熏陶，不知不觉中认识更多的字。为了推进识字进程，在课题开展中期，课题组还动员全班又一次制作识字报，收到了良好的效果。

"自主识字，同步阅读"的初步开展策略，属于探索阶段，为后续的联想写话及大量阅读做了铺垫。

古诗应当如何教

——以《早发白帝城》教学设计为例

深圳市宝安区海韵学校　钟　婷

"语文课程应致力于学生语文素养的形成与发展"，"提高儿童文化品位和审美情趣"，"教学要注意在诵读过程中体验情感，领悟内容，培养语感"……这是新课程改革重点强调的理念。

一、引导学生自主探究

古诗是小学语文教材中一类特殊的课文，从语言文字上来看，它用的是古汉语；从表现形式上来看，它含蓄、凝练、节奏强、跳跃大；从叙写内容上来看，它离我们的时代较久远。因此在古诗教学中，教师要在创设自由、和谐、民主、开放的学习环境基础上，以层次性的朗读、吟诵为重点，引导学生自主探究、感悟诗境，活化古诗词的形成过程，重新焕发古诗词的生命活力和人文精神。

（一）教师要提供学生足够的感悟空间

苏霍姆林斯基说："教室里让学生集中思考、各抒己见，虽有点乱，但要珍惜这样的时刻。"根据"合作互动"的原则，教学中改变了单纯的师生交往形式，通过小组合作、生生交流等环节，为学生提供畅所欲言、各抒己见的空间。这样让学生取长补短、相互启发，增加课堂的信息量，促使学生全面深入地感悟，为学生提供了展示个性的机会和场所。在《忆江南》一课的教学中，正因为教师让学生通过小组合作，在组内自读自悟，才使学生思维的火花得以绽放，体会得如此有滋有味。

（二）教师要教给学生多样的感悟方法

1. 多层次的诵读

"好诗不厌百回读。"朗读和背诵在古诗教学中占有特别重要的地位。由于古诗节奏鲜明，音律和谐，教师必须做好学生的朗读和背诵的训练指导，给学生以美的享受，陶冶学生的情操，同时教师要注重加深学生对诗的理解和记忆，达到熟读成诵的目的。

2. 要求学生质疑

古人云："学源于思，思源于疑。"现代心理学认为，疑是思维的火花，是探究的动力。在古诗教学中，教师应鼓励学生将自己不明白的地方提出来，运用启发讨论式的教学方法，有利于师生间的交流和沟通，既活跃了学生的思维，又调动了学生学习的积极性。

二、让学生理解诗意，体会意境

李白的《早发白帝城》带有他一贯的雄奇豪放的诗风，怎样让学生轻松、简单地理解诗意，体会意境，是我设计这堂课所追求的目标。我是这样设计教学方案的。

（一）激趣导入

低年级学生的好奇心非常强，因此，刚一上课，我就说："同学们，在很久以前，唐朝有一位非常有名的诗人，被人们称为'诗仙'，你知道他是谁吗？"学生回答后，我出示李白画像，让学生背诵学过的李白的诗作，学生兴趣盎然。接着，我以配乐讲故事形式，介绍《早发白帝城》的写作背景，激发学生学习《早发白帝城》的兴趣，为学生理解诗意做准备。

（二）教学过程

课堂上教师应充分调动学生主动参与学习。备课时，以读中理解、读中感悟为着眼点，课堂预设时，我安排了以下五个环节。

（1）出示图片，激趣导入。

（2）初读古诗，整体感知。

（3）品读古诗，感悟意境。

（4）再次朗读，情感升华。

（5）巩固生字，指导书写。

通过上述五个环节，生生互学，师生互助，体现了"以读为本"的语文学习理念，学生在一遍遍的朗读中领悟了诗的意境，情感得到了升华。

为了培养学生的学习能力，我先提出学习要求，找出诗中的多音字并组词。在学习生字时，我要求学生读准字音，口头组词，指导记字方法时，教学生用谜语巧记生字，如"帝"上头是立两头弯，一条长巾挂下边；"岸"是工厂建在山下边，工人干劲大。在教学古诗时，我不是机械地让学生逐字逐句地理解古诗，而是把学习的自主权还给学生，让学生先听教师读，再配乐听读，为读课文和理解课文做了铺垫。

（三）教学反思

语文教学不是为教而教，不是仅仅教完一首诗就行了，而是让学生能够举一反三，掌握学习的方法，积累更多的知识，所以，课堂上我根据古诗的情境，适当地进行拓展，发散学生的思维，丰富学生的语言。夸张是李白善用的一种表现手法，《早发白帝城》中的"一日还""万重山"就是夸张修辞手法的体现，我顺势引导学生了解李白的其他诗作中夸张的诗句，如"飞流直下三千尺""桃花潭水深千尺""危楼高百尺"，让学生更深入地了解李白，了解其诗作中夸张手法的运用，让学生想象三峡的山一座连一座，山势险峻，为理解"万重山"做了很好的铺垫。为了让学生更好地理解"两岸猿声啼不住，轻舟已过万重山"这句诗，我运用多媒体辅助教学，播放有关这句诗的视频，更加直接地拉近了学生与三峡之间的距离，最后让学生齐读诗。

对于这节课的学习，学生的兴趣很高，下课时已能流利地背诵全诗并熟记生字。所以我想，古诗教学不应该仅仅只是机械地朗读背诵，更应该以学生乐于接受的方式加以领悟学习。

试论绘画在小学古诗词教学中的妙用

深圳市宝安区海韵学校　黄丹霞

中华优秀传统文化是中华民族的精神命脉，是中华民族的根和魂。古诗词作为中华优秀传统文化的一部分，是文化宝库中一颗光彩夺目的明珠。学生学习古诗词，对认识中华优秀传统文化的博大精深、吸收民族文化的智慧、受到高尚的情操与趣味的熏陶、丰富自己的精神世界等方面有着举足轻重的意义。因此，部编版小学语文教材中，古诗词的比重大幅度提升，这也意味着古诗词教学既是重点也是难点。而绘画作为一种造型艺术，具有直观性、形象性、趣味性的特点，把绘画应用于小学古诗词教学中，可以激发学生的学习兴趣，有效解决教学中的一些难题。

一、绘画和古诗词的关系

（一）绘画和古诗词的区别

绘画和古诗词是中华优秀传统文化艺术宝库中两颗熠熠生辉的明珠。其中，绘画是用色彩和线条在纸、布、墙壁或其他平面上描写事物形象，是造型艺术的一种，它是直观的、形象的、趣味的。古诗词是一种语言艺术，它用文字符号来记录古人的生活，描写各种事物，抒发古人的情志等，它是间接的、抽象的。

（二）绘画和古诗词的联系

虽然绘画和古诗词分属艺术与文学两大门类，但从我们耳熟能详的"诗情画意""如诗如画"等成语中，能窥探到两者的密切联系。而且，宋代文学家张舜民提出的"诗是无形画，画是有形诗"，也非常传神地阐明了绘画与诗词之间的内在联系。

1. 诗中有画，画中有诗

宋代文学家苏轼曾评价王维的诗画："味摩诘之诗，诗中有画；观摩诘之画，画中有诗。"

王维的诗，哪一首不是为世人展现了一幅优美的画卷？其中，《山居秋暝》描绘的明月从松林间洒下清辉，清泉在山石上淙淙流淌的画面让人神往；《鸟鸣涧》描绘的春夜山间鸟鸣图令人着迷；《积雨辋川庄作》描绘的白鹭在广阔的水田上飞起，黄鹂在繁茂的大树上啼鸣的情景让人心醉……其实，不止王维的诗，很多诗人的山水田园诗、咏物诗、送别诗、边塞诗等都具有极强的画面感。画中有诗，除了像王维这样的文人所作的文人画饱含诗的意境和诗的韵味之外，宋朝画院考试常常以诗句为题让考生按题作画，更是"画中有诗"的直接体现。例如，画院有一次入学考试以"踏花归去马蹄香"这句诗为题，其中一个考生画的是：将近黄昏，一个游玩了一天的官人骑着马回归乡里，骏马疾驰，马蹄高举，几只蝴蝶追逐着马蹄蹁跹飞舞。画面中虽然没有一片花瓣，但借着起舞的蝴蝶就将"踏花"和"香"的意蕴展现出来。又如，以"竹锁桥边卖酒家"一诗为题的画，脱颖而出的那幅画没有出现酒家，画的是小桥流水边的竹林深处，斜挑出一幅酒帘，上面写着一个大大的"酒"字，很是突出了诗中极力表现的"竹锁"之意。

2. 题画诗是诗画艺术结合的典型体现

题画诗，顾名思义，就是题在画上的诗，往往由画家本人或他人所题。诗的内容，或咏叹画的意境，或抒发作者的情志，或谈论艺术的见地，等等。整幅画面中的诗与画，妙合而凝，浑然一体，相映成趣，相得益彰。画题上诗，让画的意境更加深远，有画龙点睛之妙；诗配上画，让诗意表达更加直观形象，有形神兼备之美。脍炙人口的题画诗非常多，如苏轼的《惠崇春江晚景》、王冕的《墨梅》、徐渭的《墨葡萄》、郑燮的《竹石》等，都充分展示了诗画融合的画面美、意境美。

二、绘画在小学古诗词教学中的妙用

（一）借助绘画激趣导入

莎士比亚曾说："学问必须合乎自己的兴趣，方可得益。"如果学生一开始就对要学的古诗词产生了浓厚的兴趣，教师的教学就会达到事半功倍的效果。因此，教师在开课时可以借助绘画来导入，以此激发学生的学习兴趣，拉近学生与古诗词的距离。例如，在教学部编版小学语文二年级上册的《小儿垂钓》一课时，教师可以先出示教材中的插图——一个坐在池塘边的小孩，一手拿着鱼竿，一手朝着远处的大人做招手样，然后让学生谈谈看到了什么，引导学生关注小孩的动作、神情，进而让学生猜一猜为何这个小孩有如此举动，从而激起学生的好奇心和求知欲，让学生迫不及待地想进入诗中一探究竟。

（二）借助绘画理解诗意

在古诗词教学中，诗意、词义的理解对学生来说是一个老大难问题，如果只靠教师的讲解，学生既听不进去，也会逐渐丧失学习诗词的兴趣。如果辅以绘画的运用，则能直观地帮助学生理解、品读、感悟古诗词。尤其是部编版小学语文教材中由编者精心选编的诗词插图大多为水墨画或水彩画，这些画内容生动形象，线条流畅清晰，色彩缤纷明丽，非常贴合诗词的意境，也符合学生的认知特点，是理解诗词的法宝。

1. 借助绘画认识事物

由于古诗词离我们的年代较为久远，诗词中写到的古代生活才有的事物，学生并不熟悉，甚至完全不了解。这时，教师通过展示教材中的插图或课外补充的图画，可以有效地解决学生的疑惑，开阔学生的视野。例如，在教学《游园不值》时，教师可以引导学生观察课本插图，从而了解"柴扉"就是指柴门，通过补充木屐的放大图，让学生了解"屐齿"指的是古人穿的木鞋底下的横木齿。

2. 借助绘画了解背景知识

一些古诗词中会出现很多地名，由于地名的古今变化和地理知识的欠缺，这对学生理解诗词意思有很大的影响。因此，教师可以通过画简笔画的方式帮助学生厘清诗词中出现的地方的关系。例如，在教学《送元二使安西》时，教师可以先简单画出唐朝的疆域版图，然后在版图上标注出长安、渭城、阳关、安西的大概位置，让学生一边看简笔画，一边听教师的讲述：王维为了送别好友，先跑了一天的路程从长安赶往渭城，而渭城一路向西到达安西，长达3000多千米，这么长的路途，没有发达的交通工具，有的只是云山浩渺、大漠茫茫；这么长的路途，没有知心老友的相伴，有的只是贫瘠荒凉，举目无亲。如此教学，学生怎么会感受不到诗人对朋友的留恋不舍之情？

3. 借助绘画赏析字词

古诗词语言精练，韵味隽永，它以有限的篇幅传达着最丰富的内容，用极少的文字描绘着最美的意境。因此，古人创作诗词都会根据内容和意境的需要，精心挑选最贴切、最富有表现力的字词来表情达意，甚至达到"语不惊人死不休"的效果。所以，古诗词中有大量动词、形容词、副词等值得人们细细品读，而我们可以借助绘画的方式还原这些字词的动态美、形象美。比如，《村晚》中"山衔落日浸寒漪""牧童归去横牛背"中的"衔"和"横"两个字，都用得极为巧妙。教师可以引导学生画出"山衔落日"的绘画，从而理解这里的"衔"用拟人修辞手法写出了日薄西山、欲落未落的样子；而"横"字的教学，教师则可以出示课本的插图与牧童端坐牛背的图画让学生进行对比，进而让学生思考"横"能否换为"坐""骑"二字，学生自然而然就能品味出这里的"横"不能替换，它体现的恰好是牧童的调皮可爱、天真活泼。

（三）看画猜诗复习巩固

部编版小学语文教材中的古诗词都要求学生背诵积累，而根据记忆规律，背诵不是一劳永逸的事，只有常常复习，学生对古诗词的记忆才会更深刻。我们可以利用绘画直观形象和学生喜欢游戏的特点，时常组织学生玩一玩看图画猜诗词、背诗词的游戏，这里的图画可以从课外找，以区别教材中的插图，从而达到复习巩固的目的。

例如，每学期结束，教师可以整理本册教材中诗词的相应配图，让学生根据图画猜诗词、背诗词。教师也可以在平时的教学中，按照诗的主题、诗的类型、不同的诗人等来分类诗歌，让学生玩"看画背诗"的游戏。

（四）绘画创作加深理解

1. 创作诗词配画，形成深度理解

除了借助现成的绘画来理解诗词作品外，我们还可以鼓励学生在充分体悟诗词的基础上，拿起五彩的画笔，跳出教材插图的藩篱，用纯真的童心，设计出自己心目中的"诗词配画"作品。

诗词配画就是以绘画的形式再现诗词所表达的意思，展现诗词的意境，对诗词的内容进行构图、造型、色彩的设计。教师在指导学生给诗词配画的时候，可以让学生在充分理解诗词意思的基础上发挥想象，先在脑海里形成画面，然后利用绘画知识，确定要画的物象，构思整幅画的构图，选取要用的色彩，关注物象的细节等，将自己对诗词的理解转化为一幅幅色彩斑斓的绘画作品。例如，在教学张志和的《渔歌子》

时，可以让学生一边听教师和同学的配乐朗读，一边闭上眼睛想象画面，然后让学生分享自己的想象，在这个过程中，教师再点拨学生：这群白鹭有怎样的优美姿态？江岸上的桃花开得如何？这位渔者是怎样垂钓的……最后才让学生自由画画。画的过程就是学生对诗词再次品读、深度理解、加深记忆的过程。

给诗词配画，可以根据诗词的不同特点，采取全诗/词配画、部分诗/词句配画、诗词连环画等方式，让绘画更加鲜活、更具个性化。例如，在教学《夜书所见》时，可选取"知有儿童挑促织，夜深篱落一灯明"两句入画，让绘画突出诗人的所见，既扣题，又以此展现诗人对家乡和亲人的思念之情；《清平乐·村居》则适合全词入画，学生既要描绘出老翁老妇在屋内相互逗趣的样子，又要细致地刻画出三个孩子的不同情态：大儿子在溪东的豆田锄豆，二儿子在专注地编织鸡笼，小儿子则在溪头躺着剥莲蓬。这样才能全面地呈现出这一幅温馨祥和、安宁幸福的生活画面；《稚子弄冰》这首诗，每一句都可以绘成一幅画：清晨脱冰——彩丝穿冰——敲冰玩耍——冰钲碎地，以连环画的形式展现出稚子的聪明伶俐，调皮可爱。

给诗词配画，就是让学生与诗人再一次进行心灵的对话，把自己觉得难以理解的意境尝试用绘画的方式表现出来，在边读、边想、边画中加深对诗词的理解，培养自己的想象力和创造力。

2. 绘制思维导图，形成全面认识

思维导图是一种表达发散性思维的图形思维工具，它运用图文并重的技巧，把各级主题的关系用相互隶属与相关的层级图表现出来，把主题关键词与图像、颜色等建立记忆链接。因为它具有绘画的元素，所以也放在此处讨论。每学完一首诗，或学完同主题的一组诗，或学了一位诗人的多首诗，我们都可以让学生通过绘制古诗词思维导图，发散思维，调动所学知识，从而形成对诗词的全面认识。如学完《马诗》，教

师可以指导学生绘制思维导图：首先，根据诗歌内容确定思维导图的中心图，如画一匹驰骋疆场的战马；其次，设置一级分支"知诗人""明诗意""品写法""悟诗情"；最后，根据一级分支的内容进行二级分支甚至三级分支的细化，如"知诗人"可从诗人的字、别称、成就、代表作品、主要事迹等方面进行详细介绍，"品写法"可从诗歌的修辞、炼字、抒情方式等方面展开。像抽丝剥茧一般，从多方面去分析诗歌，既可以丰富学生的积累，又可以提高学生的审美鉴赏能力。

总之，"诗画同源"的观点在我国古已有之，诗词和绘画一直紧密相关，两者在艺术精神、意境、审美情趣上都有着极大的交融性。借助绘画辅助小学古诗词教学，既能调动起学生的学习兴趣，又能帮助学生更好地理解诗词意思。学生通过给诗词配画、绘制思维导图的方式来描绘出自己对诗词的理解，在提升学生诗词素养的同时，又培养了学生的审美情趣。

参考文献

［1］欧志洁.浅析中国画与中国古诗词的意蕴之美［J］.美术文献，2020（9）：21-23.

［2］陆云峰.文化理解："诗"与"画"的深度融合［J］.江苏教育研究，2020（2）：36-39.

［3］万谦.画意解诗情——小学古诗词教学策略［J］.小学教学研究，2020（2）：74-76.

［4］鞠晓雅.诗中有画，画中品诗——例谈古诗词教学的几点看法［J］.小学时代（教育研究），2013（21）：30.

如何进行现代诗教学

——以现代诗《绿》为例

深圳市宝安区海韵学校　钟　婷

现代诗语言精美，感情真挚，像散文一样有深远的意境，又似童谣一样朗朗上口。小学阶段的孩子喜欢和诗歌亲近，不管是童谣还是儿童诗，学来都有自己独特的感受。部编版教材注重保护儿童天生的"诗性"，从二年级下册就开始编排现代诗，在四年级下册，现代诗更是以整个单元编排的形式出现，语文要素也一以贯之地体现了其整体性和渐进性。

关于诗歌的教学，《义务教育语文课程标准（2011年版）》对第二、三学年段提出这样的目标与内容："诵读优秀诗文，注意在诵读过程中体验情感，展开想象，领悟诗文大意。""诵读优秀诗文，注意通过语调、韵律、节奏等体味作品的内容和情感。"所以，现代诗的教学也应从这些角度出发。

四年级下册"现代诗"单元（第三单元），在"篇章页"这样展开描述。

人文主题：诗歌，让我们用美丽的眼睛看世界。

语文要素：初步了解现代诗的一些特点，体会诗歌表达的情感。

根据需要收集资料，初步学习整理资料的方法。

合作编小诗集，举办诗歌朗诵会。

通过以上单元要素的要求，我们发现，四年级下册现代诗教学注重了解现代诗的特点与品悟情感，兼顾朗读与想象。因此，四年级下册现代诗的教学应该从内、外两个方面出发，进行自然的融合。第10课《绿》是现当代文学家、诗人艾青的现代诗，他用文学的形式描绘了春天到处是绿色，他写出了绿的摇曳、绿的美幻、绿的闻风而动乃至绿的生命，表现的不仅是大自然的景象，更将自己对于绿的感觉融入其中。

一、向外——"想象画面，徜徉诗意"

（一）朗读——感受"语言美"

于漪老师说："要反复读，把无声的文字变成有声的语言，读出感情，读出气势，如出自己之口，如出自己之心。"那么结合艾青的《绿》，我们应如何指导学生朗读，让学生感受其画面、音韵、意味的美呢？

1. 读画面

学生在第一次读这首诗时，随着诗歌的内容，结合平时生活的所见所闻，感受诗中的画面：墨绿、浅绿、嫩绿、翠绿、淡绿、粉绿分别是什么样的绿呢？哪些景物有这样的绿呢？绿的风、绿的雨、绿的水、绿的阳光，这样的描写多么有趣啊！各种绿集中起来，挤在一起，重叠在一起，静静地交叉在一起，各种绿就整齐地按着节拍飘动在一起，这抽象的画面随着学生第一次朗读有了最基础的感受，感受到诗中描绘的画面。

2. 读音韵

"好像绿色的墨水瓶倒翻了，到处是绿的……"省略号留白，可指导学生读出联想，读出绿的满盈。"到哪儿去找这么多绿"读出疑惑。

"墨绿、浅绿、嫩绿、翠绿、淡绿、粉绿……"读出绿的丰富。"刮的风是绿的，下的雨是绿的，流的水是绿的，阳光也是绿的"读出景物的奇妙。

3. 读意味

教师在指导学生朗读时，可以通过语速来把握语境的意味。比如，第一小节，让人产生联想，可以放慢速度读；第二小节，各种颜色的展现可以读得稍快一些，来展现绿色的丰富。诗歌朗读时还可以注意改变读音的轻重和长短，有轻有重、有长有短地读，才能将诗歌表达的情感表现出来。

这些朗读并不是放在一起指导完成，我们可以在不同的学习环节中落实不同层次、不同形式的朗读。

（二）想象——感受"内涵美"

小学生思维有着比较鲜明的具象性和直观性，对于现代诗也有着他们的感知力，能够借助具体的、可以感知的景物或者语言不断领会诗的内涵。因此在《绿》这首诗中，教师可以引导学生通过想象去体验，对诗中语言描绘的内容进行想象，促进学生对诗歌优美内涵的洞察。在教材的课后题中就有这么一句提醒：艾青笔下的绿给我们留下了很多想象的空间。那么在这首诗歌中，我们可以围绕哪些点促进学生生发想象呢？我想有两处"省略号"可以让学生展开想象。

好像绿色的墨水瓶倒翻了，

到处是绿的……

"结合诗中描写，想象：除了诗中所写的景物，诗人这样的描写还让你联想到了哪些绿？你可以结合自己平时的生活经历、学到的古诗来展开想象。"学生可能会想到曾经去杭州西湖看到的绿，想到田野的绿，想到公园的绿；或者想到与绿有关的课文和诗句。展开想象，就把诗中一句"到处是绿的……"感受得更加丰富了，也更有画面感了。

突然一阵风，

好像舞蹈教练在指挥，

所有的绿就整齐地

按着节拍飘动在一起……

"所有的绿就整齐地按着节拍飘动在一起……让你想到了怎样的画面呢？诗人没有写出来，你能结合平时所见所想来分享一下吗？"学生可能会联系河边的垂柳想象柳枝在风儿的吹拂下飘动的画面；可能会想到倒映着绿色植物的河面在风儿的吹拂下一顺儿起了微波；还可能会想到草原上深深浅浅的草色在风儿的吹拂下涌动着绿色的波浪，就像绿色的海洋。这样的想象既让学生留心细微处，又让学生带着豁达的心态，学生在这样的想象中也自然地亲近了诗歌。

二、向内——"清水出芙蓉，天然去雕饰"

审美，品味诗人的"眼中物"：现代诗的美，有着令人赏心悦目的语言之美和形式之美，读来朗朗上口的音韵之美，也有滋养心灵的情感之美。结合本单元的语文要素"初步了解现代诗的一些特点，体会诗歌表达的情感"，在《绿》这篇现代诗的教学中，教师可以以课后题为例进行教学。

对于这一点这首诗表现的"绿"，是大自然的景象，更是诗人的感觉。说说"所有的绿就整齐地按着节拍飘动在一起……"带给你怎样的感受。

艾青笔下的"绿"给我们留下了很多想象的空间，再结合"阅读链接"说一说，宗璞笔下的"绿"又带给你怎样的感受？

对于艾青的《绿》，教师可以引导学生结合诗中关于绿的颜色、关于绿的景物、关于绿的动态描写展开，比如"墨绿、浅绿、嫩绿、翠绿、淡绿、粉绿……"各种各样的绿色；风是绿的、雨是绿的、水是绿的、阳光也是绿的，景物都变成了绿色；"好像绿色的墨水瓶倒翻了""所有的绿集中起来，挤在一起，重叠在一起，静静地交叉在一起""所有的绿就整齐地按着节拍飘动在一起"。学生关注了这几个方面，再通过多形式的朗读、多角度的想象等方式，对于这首诗情感的表达，学生也能够沉浸到作品之中，通过精神的"游历"与"探险"，感受到绿的是一种希望，绿的是一种自由，并形成自己对"绿"独特的"理解"与"感受"。

再看"阅读链接"的对比阅读，艾青与宗璞所处的年代不一样，文本表达形式也不一样，宗璞的《西湖漫笔》是一篇游记，"阅读链接"中对于绿的描写是没有希望和自由的感觉，给人更多的是对于西湖"绿"的一种厚重感、庄重感。只有通过对比阅读，才能更加突出艾青诗中的"绿"给人的独特的感受，感受到每一位作家、诗人的"眼中物"都带着独特的感受，这就是一种内化。

现代诗是一种含蓄的艺术，它用形象来思维、来反映诗人眼中和心中的世界。学习现代诗必须经历两种不同的读，不仅要读纸上之诗，更要读心中之诗。这里的"心中之诗"包含着读者自我独特的感受，这便是诗歌内化的过程。

如何让"枯燥"的科普类文充满"语文味"

——以部编版四年级下册科普文《飞向蓝天的恐龙》为例

深圳市宝安区海韵学校　钟　婷

科普类的说明性文章是一种重要的实用文体，一般形式简短，内容科学，语言准确，条理清晰。知识性、科学性是它的主要特点。它承载着普及科学知识，激发学生热爱科学、探索科学奥秘的兴趣，提高学生阅读科普文章的能力等功能，类似的课文在小学语文课本中占有一定的比例。如何上出科普类文章的"语文味"，把此类课文的教学上得有情有趣、有滋有味，我在教学《飞向蓝天的恐龙》时做了些尝试。

一、教学片段

师（板书）：辽西的发现向世人展示了恐龙长羽毛的证据，给这幅古生物学家们描绘的画卷涂上了"点睛"之笔。

师：请同学们自由读这句话，读后会有什么问题吗？

生1：我想问，为什么说辽西发现的保存有羽毛印痕的恐龙化石是"点睛"之笔呢？

师：问得好。我看到有同学举手发言，可能是想回答这个问题吧。

不过同学们不要急，我们先小组讨论："点睛"之笔是指什么？为什么说这是"点睛"之笔呢？现在开始。（小组讨论）

师：好，请将小组讨论结果展示出来吧！

生2："点睛"出自成语故事"画龙点睛"，上学期我们学过，画龙点睛是比喻在创作到了最重要的地方时，加上关键的一笔就会更加生动、传神。

生3：根据上下文，我理解"点睛"之笔就是指最重要、最关键的内容。

师：好，请接着发言。

生4：从19世纪到20世纪末，科学家们历时一百多年的研究，取得了丰硕的成果。作者是将这一成果比喻为"画卷"，而保存有羽毛印痕的恐龙化石——这一强有力的证据，就是"点睛"之笔。

生5：科学家们提出了鸟类很可能就是一种小型恐龙的后裔的假说。"根据这一假说，一些与鸟类亲缘关系较近的恐龙应该长有羽毛，但相关的化石一直没有被找到。"所以，我国科学家在辽西首次发现了保存有羽毛印痕的恐龙化石，全世界研究者认为这给研究工作提供了强有力的证据，加速了研究的进程，所以认为是"点睛"之笔。

师：文中之所以说辽西化石是"点睛"之笔，是因为科学家提出了鸟类是由恐龙的一支经过漫长的演化而来的假说，而在这之前又没有强有力的证明。在这里，我们要注意刚才同学提到的"一些与鸟类亲缘关系较近的恐龙应该长有羽毛"，"一些"表示什么？

生6："一些与鸟类亲缘关系较近的恐龙"表示不是所有恐龙。

师：非常好，那么"应该"又表示什么？

生7："应该"表示一种推测，意思是在没有找到证据证明之前，不能完全确定。

师：是的，科普类文章最大的一个特点就是语句表达得准确，像这样的语句，同学们还有发现吗？

生8：在第1自然段，"恐龙的一支经过漫长的演化，最终变成了凌空翱翔的鸟儿"。这里的"漫长的演化"表达很准确，我预习时查了资料，中生代距今约2.5亿年至约6500万年，"漫长的演化"是指恐龙经过了很长很长时间才演变成鸟的，而不是突然变成的。

生9：我要纠正刚才同学的发言，他不能说"恐龙经过了很长很长时间才演变成鸟的"，应该说是"恐龙的一支"，课文只是说了恐龙的某一个分支演变成鸟，而不是全部的恐龙。

师：同学们真会读书，那就让我们在朗读中慢慢体会。（生读）

师：哪位同学来说说科学家为什么会提出这样的假说？

生10：早在19世纪，英国学者赫胥黎就注意到恐龙与鸟类骨骼上呈现的许多相似之处。

生11：还有，是科学家们在研究了大量恐龙和鸟类化石之后提出了这一假说的。

生12：我同意刚才这位同学的发言，但我要补充一点，就是我们也可抓住"点睛"之笔，学老师用"之所以"来说：之所以说辽西的恐龙化石是"点睛"之笔，是因为科学家们提出了鸟类很可能就是一种小型恐龙的后裔的假说；之所以提出这一假说，是因为科学家们在研究恐龙与鸟类的化石后，发现它们的骨骼上有许多相似之处。

师：好啊，表扬！我们抓住"点睛"之笔，围绕"假说"，一步一步地厘清课文的脉络，知道了这一科学发现的大致过程。那么同学们看到课文的第3自然段，又有什么问题呢？

生13：老师，我不明白"恐龙是如何飞向蓝天的呢？"这是什么问句？有什么作用？

师：哪位同学来说说？

生14：这是设问句，先问后答，是为了引起读者的注意。

生15：哦，我明白了，老师抓住"点睛"之笔是为了厘清我们的阅读思路，跟着课文的这个设问句，很自然地想到恐龙变成鸟类的演化过程，去再现这个过程。

师：那我们就跟着作者的设问，穿越时空隧道，去远古的中生代，看看恐龙变成鸟类、飞向蓝天的演化过程吧。

二、自我评析

《飞向蓝天的恐龙》主要向人们介绍了科学家们根据研究提出的一种假说：鸟类很可能是一种小型恐龙的后裔。而辽西首次发现的保存有羽毛印痕的恐龙化石，为科学家们推想的恐龙变成鸟类、飞向蓝天的演化过程提供了证据。通过研读课文，我认识到：通过学习这篇课文，既可以使学生领略科学技术的神奇，感受科学技术的威力，又可以使学生学到描写事物的基本方法；同时可以开阔学生的眼界，激发他们热爱科学的情感和学习科学、探索科学奥秘的兴趣。

在教学中，我从两点着手：一是让学生充分认识科普类文章的特点，厘清课文的线索。教学时，在学习完生字词后，我直接从课文第2自然段的最后一句"辽西的发现向世人展示了恐龙长羽毛的证据，给这幅古生物学家们描绘的画卷涂上了'点睛'之笔"导入，来了个"反弹琵琶"，从中间向前一步一步反推，厘清阅读思路，让学生了解课文是如何揭示科学家们在古生物研究方面的重大发现的。之后又引出全文重点内容——第3、4自然段，让学生在自读自悟中懂得：正是这个重大的发现，使得科学家们可以把恐龙变成鸟类、飞向蓝天的演化过程再现出来。二是上出科普类文章的"语文味"。在学生充分朗读的基础上，紧紧围绕着"恐龙变成鸟类的演化过程"这个阅读话题，让学生抓住重点词，体会作者遣词造句的精妙之处，领悟科普类文章准确的语言；让学生各抒己见，领悟科普类文章的特点，体会课文表达上的特点；让学生模仿科学家，去推想"恐龙变成鸟类的演化过程"，充分发挥想象，学生兴趣比较高，效果也不错，都说学得有滋有味。语文教学的"语文味"已然尽在其中。

如何利用朗读教学提升小学生语文素养

深圳市宝安区海韵学校　钟　婷

朗读训练是一项不容忽视的阅读基本训练，是眼、耳、脑多种感官共同参与的活动。加强学生的朗读训练，有助于训练学生的语感，发展学生的智力，增强学生的思维能力。朗读训练最主要的要素是训练内容、训练方法、训练时间、训练主体（即学生）等。优化训练过程就是对这些要素进行合理优化、调配管理，调动学生读的积极性，合理地安排读的训练，把读书训练因素有效地整合，使学生在单位课堂教学时间内，尽可能获得朗读的技能技巧，从而形成言语能力。教师应如何对朗读训练过程进行优化呢？下面我们就此问题进行介绍。

一、范读引路，点拨先行

哲学家黑格尔说："教师是孩子们心目中最完美的偶像。"小学生有很强的向师性，模仿能力极强，特别是中低年级的学生，对朗读的技巧掌握还不够好，教师在课堂上声情并茂地范读，不仅可以激发学生的朗读兴趣，还能促使学生很快在模仿中感悟如何断句、如何停顿以及语气的变化。高年级的学生尽管掌握了一些朗读技巧，但教师的范读仍很有必要。好的范读可以创设良好的教学情境，让学生直接领略文本所要表达的感情，进而利于学生体会文本的思想内容和感情基调。教师该范读时要范读，且不可简单地使用录音代替，以免失去范读的直观作用。实践表明：教师的朗读示范作用发挥得越好，学生的朗读水平就提高得越快。

朗读训练是师生参与的双边活动。教师的示范朗读可以融情于声，把书面语言变为口头语言，声情并茂地感染学生，创设富有感染力的语感氛围，从而提高学生的朗读水平。教师的范读与听录音不同，教师可根据教材的情况，结合学生的实际，在范读时给学生以提示、暗示。当范读到要求学生掌握的字词时，在这些词前稍微停顿一下或读重一点，以引起学生注意，强化记忆；当范读到新词及难理解的词、句、段时，教师可以用平缓稍低的语调给予适当提示、解释，帮助学生揣摩教师是怎样读的，感情是怎样变化的。

二、循序渐进，逐步提高

循序渐进是教学的一般原则，朗读教学要根据学生的实际情况逐步提高要求。各个年龄段的要求也各不相同。在指导时，教师要根据学生朗读能力的形成规律，找准学生的"最近发展区"，考虑到学生在各个年龄层上表达能力的差别给予适当指导。另外，教师在对学生朗读进行评价时，不能以成人化标准来衡量。

三、充分保证课堂上读书的时间

语文教学的主要任务是培养和提高学生理解、积累、运用语言的能力。这些能力的培养和提高无不要求教师以教材为根本、以课文为依托。只有让学生有较多的时间与文本打交道，从中获取信息，才能提高学生对语言文字的感受、理解、积累、运用等能力。在语文课堂上，教师应留给学生一定的读书时间，让学生多读，充分地读。然而，很多教师的语文课变成了一问一答的问答课；有的语文课上，教师一会儿让学生听录音，一会儿让学生看影视，一会儿让学生表演，学生朗读的时间少得可怜；有的教师生怕学生对文本不理解，文章讲得不透，于是不厌其烦地讲解，把学生朗读的时间变成了教师的演讲。古人云："书读百遍，其义自见。"谓指读得熟，不待解说，则自晓其义也。有效的朗读胜过教师透彻的讲解，所以语文教师要在课堂上留出时间让学生去读，让学生在读中发现问题、分析问题、解决问题，将课堂上烦琐冗长的"讲讲、问问、答答"让位给朗读，将花哨形式的、没有实效的小组讨论让位给朗读。

四、精心设计朗读的目标和要求

在当前小学语文教材中，有很多课文文质兼美，可读性强，人文性强。在教学中，教师应根据文章体裁、内容的不同，设计朗读的目标和要求。说明文、科普小品文一般用介绍性的语气读，不宜进行朗读训练。而叙事写人的作品，言辞优美，故事情节曲折，感情变化跌宕；描景抒情的文章，语言华丽，感情色彩浓厚；古诗文和现代诗歌节奏感强，含义深远。这些题材的文章都适合进行朗读训练。一般来说，体现文章中心的段落和语句最能表现文章的主要内容与思想感情，教师应把这些内容作为朗读训练的重点，更能准确地把握文章所表达的思想感情。

五、积极创设朗读情境，激发学生朗读兴趣

要使学生越读越好，越读越美，教师就必须以情激情、以境生情。创设朗读情境的方式有很多，如教师有效的范读、多媒体的使用、背景音乐的播放以及教师根据文章内容创设生动有趣的提示语等。我在引导学生读《荷花》一课第4自然段时，先声情并茂地范读，让学生闭上眼

睛，边听边想象，学生立刻被我的激情感染，想象自己也变成了一朵朵荷花，当学生入情入境后，我再引导学生带着自己的想象配乐、有表情地朗读课文，学生立刻陶醉在荷花的美丽、对大自然的热爱之中。在引导学生读《两小儿辩日》一课时，我采用煽情的"挑拨"提示语："一儿不服曰""一儿扯着嗓门曰""一儿脚跺地曰"，让两组小儿的辩斗越读越激烈，达到了良好的教学效果。虽然学生也是在反复地读，但读的效果与我们平时机械地读截然不同。

六、朗读的形式要多样化

朗读的形式有很多，有齐读、领读、轮读、轻声读、分角色读、男女生赛读等。一般来说，低年级常运用轻声读、齐读、分角色读，以增强学生的读书兴趣，集中学生的注意力。高年级宜采用个别读、默读，有利于学生静思默想，潜心思考。一节课中，教师可交叉采用几种朗读方式，但要以某一种朗读方式为主。对于故事性较强的课文，适合个人朗读，如《卖火柴的小女孩》；对于人物对话较多的课文或片段，则适合分角色朗读，如《陶罐和铁罐》；对于节奏感强、感情饱满的课文，尤其是诗歌，则适合集体朗读；对于词句艰深、含义深刻的课文，则需要教师适时范读或创设情境导读。

总之，朗读有助于加深学生对文本的理解、感悟，有效培养学生的语感，提高学生的语言表达能力。朗读是一项技能、技巧，是一种艺术再创造活动。朗读能力的形成，朗读技巧的掌握和运用，不是一朝一夕的事，必须经过长期的实践，不断地反复训练才能提升。所以，语文教师要有耐心、恒心，采取科学、有效的训练方法和途径，逐步提高学生的朗读能力和语文素养。

如何让学生爱上读书

深圳市宝安区海韵学校　钟　婷

　　一位语文教师只要能把学生学习语文的热情煽得旺旺的，能点燃他们兴趣的熊熊之火，使人人喜欢语文，个个迷恋读书，就可以算一位好的语文教师了。

　　新课标要求三、四年级学生要"养成读书看报的习惯，收藏并与同学交流图书资料"。如何培养小学生读书的兴趣，使他们养成一种习惯更是每位语文教师的一项神圣使命和难题。作为小学语文教师的我一直在鼓励倡导学生多读书、读好书，但在实际读书的过程中，有些学生读书流于形式，应付教师。为了让学生用心地读书，我尝试过强迫他们读书，可效果不佳。一个学期甚至几年下来，真正喜欢上读书的学生不是很多，会读书的学生更少。新学期我对"培养学生爱上读书"做了以下大胆尝试。

　　第一，尊重爱好乐读书。我觉得推荐给学生的书要引起他们的兴趣，就像我们看电影，精彩的地方，我们看得乐此不疲，学生看书也是一样的。开学初，我让学生各带两本自己最喜欢读的课外书，由于小学生的读书水平和家庭情况等因素，带来的课外书并不是很理想。通过整理这些书，我大致确定此时的学生喜欢看童话故事类，且具有现代气息、贴近学生生活的课外书。我和班委成员决定把本学期的读书内容确定为：杨红樱的《淘气包马小跳》系列、《笑猫日记》系列，郑春艳的《非常小子马鸣加》系列和郑渊洁的《皮皮鲁》橙黄系列。

第二，巧设时间去读书。过去只是口号嚷"多读书，爱读书，读好书"，学生想读却苦于没有时间读书。我鼓励学生充分利用每天中午和放学前的时间，读自己喜欢的书，晚上的语文作业也只有两项，其中一项就是读书半小时。我更鼓励学生双休日多读书。更重要的是，每周都有固定的时间，拿出一节课来一起读书，不仅学生读书，教师也在读书，做学生的榜样。

第三，推荐引导会读书。开始我并没有对学生读书有任何要求，只要学生喜欢，想读什么就读什么，想怎么读就怎么读。让学生无拘无束地读书，让学生慢慢地喜欢读书。过了两周，我才对学生读书有了一定的要求：首先，每个学生根据自身情况制订一月阅读计划，然后把自己的阅读计划在班级上公开。其次，教师教给学生读书的方法：拿到一本书时，先阅读主要内容或目录，感知文章大意，然后精读品析，让学生养成"不动笔墨不读书"的习惯。最后，我要求学生每天写读书笔记。摘抄好词佳句，概括文章的主要内容，简单记录自己的读书心得体会。

第四，讲评激励促读书。为了"哄"学生爱上阅读，"哄"学生读更多的书，我每周都"奖励"爱读书的学生双休日可以从班级图书角借两本书；为了激发学生持久的兴趣，提高阅读质量，把该项活动引向深入，学期进行若干次定期和不定期的阅读检查、评比。其形式或是举行读书报告会，让学生走上讲台，分享阅读的精华；或是展览优秀的读书笔记、经验，评比、表彰课外阅读积极分子；等等。对课外阅读取得一定成绩的学生，我及时地给予鼓励，让他们体验成功的喜悦。当学生获得成功后，会更坚持大量的、广泛的阅读，良好的读书习惯也就随之养成。同时，学生个人的进步往往又是同学们相互效仿的范例，这样班级里就会形成浓厚的课外阅读氛围。

如何在课堂教学中落实阅读指导

深圳市宝安区海韵学校　钟　婷

语文是一门学科，也是一门艺术。作为语文教师，要想在教学中取得事半功倍的教学效果，应知道课堂教学要注意的关键是什么，现将我在教学中的几点体会总结如下。

一、设计好教学导语

导语是新课的引子，是教学一篇新课文的开场白，一段精彩的导语是一节课能否取得成功的关键，因此，导语设计是语文教学中必不可少的一个环节。那么，如何才能设计好课堂教学的导语呢？

第一，根据不同课文类型设计不同的形式，设计时要围绕教学内容、学习目标来构思，突出教学重点，避免华而不实、偏离课堂教学的主题，让学生茫然不知所云。

第二，注意简明、概括，导语应力求做到言简意赅。用一段简明的导语，抓住课文内涵的要点实质和学习材料的核心内容，有利于概括教学的主要内容，帮助学生轻松掌握有关知识。

第三，要求生动、有感染力。充满色彩的、生动的导语，能使学生产生学习的兴趣，能感染学生，调动学生去领略课文的风采，引起感情上的共鸣。

二、创设良好的课堂气氛

课堂气氛直接影响着教学效果。教师是课堂教学的组织者和领导者，其知识、人格和威信是一种巨大的精神力量，具有很大的教育震撼作用，是影响学生情感、制约课堂教育气氛的关键要素。所以，在课堂教学过程中，教师对学生要"严"，不能放任自流。当然，"严"也不能严得过度，以免给学生带来心理上的压力。

除此之外，教师在课堂教学中还要有"激情"，教师每上一堂课前应以满腔热情的积极状态，将知识技能传递给学生，让学生的心随着教师的情感而奔腾澎湃。只有教师发自内心地热爱学生、关心学生和爱护学生，积极主动地创造条件，才能让学生潜移默化地受到熏陶和感染，良好的课堂气氛自会形成，从而达到预期的教学效果。

上一堂语文课难，要上好一堂语文课更难。经历备课转折一关的时候，教师所要做好的工序多而繁，就像上面的文章所说，不仅要设计好精而简的导语，设计好严而松的课堂环境，还需要具备充沛的激情，只有牢牢抓住学生的"心"，才能将课堂教学落到实处。上好语文课虽然难，但是也有收获成果的乐趣，难并快乐着。

新课程标准中明确指出：小学生要"养成读书看报的习惯，具有独立的阅读能力"。小学生的"课外阅读总量不少于100万字"。要完成这一任务，光靠课内是不行的，必须借助课外阅读来完成。

三、寻求课内外阅读的结合点

如果要有效地提高课外阅读的质量，必须把课内阅读和课外阅读当作一个整体来考虑。为此，教师需要经常结合阅读教学，了解学生阅读动向。

一次，新的语文书发下后，学生新奇，从头到尾把它读了一遍。一个学生问我："老师，为什么法国著名昆虫学家法布尔的蜜蜂能找到回家的路呢？"我翻开语文书，看到了《蜜蜂》一文，眼前一亮。原来课外阅读兴趣的根源就在这里。于是，我让学生寻找科学家研究科学的故事来阅读，跟学生一起，在网上观看科学家研究科学录像和影片。这样，科学家热爱科学的精神就在学生的课外阅读中领悟了。

四、形成课外阅读的氛围

课外阅读要讲究最佳机会。这个最佳机会因学生、教师、环境的不同而不同。一句话，教师应根据教学意境来确定课外阅读的最佳机会。这个意境的一般表象是：学生阅读兴趣应处于高潮、亢奋的时机。

每天早晨，我一到学校，就去了解学生的阅读兴趣。一天，我偶尔听到两位学生在争论谁学的古诗多。一个学生说："我会背于谦写的《石灰吟》！"另一个学生说："我会背王冕写的《墨梅》！"一个又说："我会背王维写的《鹿砦》！"另一个又说："我会背李白写的《早发白帝城》！"我豁然开朗：原来，读书兴趣的源泉就在这里——听和看。于是，我赶忙从学校的阅览室里借来了十多本《古诗集》，发给学生轮流去读。在几个星期中，全班45位学生都把十来本《古诗集》看完了。于是，我在班级里举行了一次诗歌朗诵会。结果，学生们争着朗诵，有的学生甚至能有声有色地朗诵三十几首古诗，趁此机会，我向全班学生宣布了一个好消息：从现在开始，同学们可以每周一次去阅览室借书看。一时间，班上读书之气蔚然成风。

五、教给学生课外阅读的方法

课外阅读也要掌握方法。掌握了方法，就解决了"会学"的问题。通过四年的语文教学以及向有经验的前辈们学习，我慢慢摸索出了以下六种指导学生课外阅读的方法：①编写提纲法，主要给文章勾出提要，列出提纲；②卡片摘录法，即在阅读时，把文章的要点或重点句、段摘录在卡片上；③符号代替法，即根据自己的读书习惯，设计多种符号，在文中圈、点、勾、画；④批语注释法，即在自己感受最深的地方写上批注的文字；⑤索引法，即用编索引的方法来读书，记下文章篇名，作者，报刊的名称、期数、页码，需要时翻索引；⑥剪贴法，即把好的文章、片段剪下来贴在剪贴本上。这六种方法均以学生"动手""动脉""动口"的实际阅读训练为主。

总之，开展语文课外阅读，其意义、作用是非同寻常的。课外阅读必将是提高语文素质的又一新篇章。

如何培养学生的阅读能力

深圳市宝安区海韵学校　钟　婷

小学语文教学是为学生的阅读和写作做准备的,没有较高的阅读能力,就不可能有较高的写作能力,可见培养学生阅读能力至关重要。那么,如何培养学生的阅读能力呢? 我认为可以从以下几个方面来探讨。

一、多鼓励,让学生产生阅读兴趣

"兴趣是最好的老师。"小学生的阅读兴趣直接影响着其阅读能力的提高。如果学生有了阅读兴趣,就会从内心深处产生阅读的主动性。因此,教师要想方设法地诱发、培养学生的阅读兴趣,这是训练学生阅读能力的第一要义。人总是喜欢听好话的,学生也是如此。教师要多鼓励学生阅读,及时肯定他们在阅读中的点滴进步,让学生对阅读产生浓厚的兴趣,快乐地阅读、快乐地接受想要学习的语文知识。

二、多引导,让学生学会阅读方法

学生有了阅读兴趣是远远不够的,还必须学会灵活多变、科学合理的阅读方法。

1. 略读法

略读法就是根据学生学习或写作上的需要，有选择性地阅读相关篇章或相关部分，以便学以致用。

2. 精读法

精读法就是对文章上的某些重点文章集中精力、逐字逐句、精思熟读。精读法是培养学生阅读能力最主要、最基本的手段。对语言隽永、情节生动的文章，教师应以这些文章为依据指导学生精读，要求学生全身心投入，调动多种感官，做到口到、眼到、心到、手到，边读、边想、边批注，逐步养成认真读书的好习惯。

3. 默读法

默读法就是对所读的文章不发音快速地读。这就要求学生在快速地浏览中，要集中注意力，能快速地处理和消化信息。默读法能用最少的时间获取较多的信息。

4. 摘抄评价法

摘抄评价法就是在阅读过程中根据自己的需要将最优美的词、句和段摘录下来，或者对阅读的重难点部分画记号、做注释、写评语。教师平时要求学生不动笔墨不读书。此外，教师还可以提醒学生将在报纸杂志上看到的好文章剪裁下来，粘贴在自己的读书笔记中。

5. 写读书笔记

教师要鼓励学生阅读课外书籍后，经常写日记或读后感。用日记或读后感的形式对文章的内容发表自己的见解、想法，并在课外阅读活动课上进行交流。这样学生的读、写、听、说紧密结合，阅读能力就能很快地得到提高。

三、多服务，为学生创设更优的阅读条件

为了提高学生的阅读能力，教师要多做一些服务性工作，努力为学

生创设课外阅读的条件,让学生在幽雅的环境中舒舒服服地进行课外阅读。

1. 班级办图书角

为了弥补学生书源的不足,教师可以动员学生把个人的图书暂时存放在班级里,组织学生自己管理借阅。图书角设在教室一角,课间课余随时借还,十分方便。

2. 给予学生充足的阅读时间

教师根据教学的需要,及时推荐合适的读物或文章,同时减少书面练习,增加阅读作业,为学生课外阅读提供空间和时间。

学生阅读能力的培养不是一朝一夕就能完成的,教师应鼓励学生持之以恒地阅读,坚持不懈地练习,以不断提高学生的阅读能力。

3

第三章

有情怀的语文课

在语文教学之外

深圳市宝安区海韵学校　曾锦花

众所周知，语文是一门人文性与工具性相统一的学科。倘若过于注重人文性，有可能陷入缺乏科学性与逻辑性的陷阱；如果过于注重工具性，有可能进入枯燥乏味的狭窄胡同。那么，如何做到人文性与工具性相统一呢？我想这就是语文教学的艺术与魅力所在。

在思考这个问题之前，我想先述说从教以来几个印象最为深刻的故事。这些故事看似与语文教学无关，但却带给我关于语文教学的启发与深思。

一、一次"跟踪"

认识小磊同学正是他五年级插班到我的班级的时候。一次放学回家，我没有注意到小磊竟然"尾随跟踪"至我居住的小区。五年级的小磊同学当时已经长到一米七多了，虽然我的住所距离学校仅需要步行10分钟左右的时间，但被一名高年级的男同学"尾随"到小区，的确不是一种正常现象。

于是，我询问小磊："你为什么要跟随老师到家呢？是有什么事情吗？"

没有想到长得比我还高的小磊不好意思地说："老师，没什么事情哩。"

我没好意思再问下去了，只是在语文课堂上更多地关注起他来。

在学校里，小磊同学对老师非常有礼貌，学习也比较认真，只是在书写方面特别困难。他的个子虽然比同龄人高出很多，但他五年级的书写水平仍与二年级的学生差不多。我在心底暗暗地为他着急，几次测试之后，我思虑再三还是邀请了他的母亲来校面谈。

在与小磊的母亲交谈中，我才得知小磊跟踪我的原因是，"因为特别喜欢老师，想跟老师多说几句话"。

小磊的母亲开始讲起小磊的故事。原来小磊在1岁多时出了一次车祸，脑部受到伤害，当时医生已经下了"病危通知书"。他的母亲苦苦哀求医生，才好不容易抢救回来。但很长时间小磊的身体动作不能协调，他的母亲为了照顾他，辞去了工作，全身心地帮助他进行康复训练，他的身体才慢慢地恢复起来，但他的手与脚仍然有些许不协调。后来从老家转来深圳的某所小学上二年级，他因为手脚不协调，书写没有办法跟上，有时候没有完成作业。当没有完成作业的时候，竟然被老师单独关进了"黑屋子"，从那以后，他就更加害怕写作业了。

听了小磊母亲的诉说，我的眼眶渐渐湿润了。身为母亲，我可以想象这位母亲是以怎样的心态哀求医生抢救她心爱的儿子，我也可以想象她是花了多么大的勇气与毅力来帮助她的孩子进行康复训练；作为教师，我审视着自己的教育行为是否配得上学生的尊敬与喜欢，我也反思着对于挽救学生的心灵状态远比教会他某个单纯的知识点更为重要。

作为一名教师，教自己的孩子是握钻石在手；教别人的孩子是负宝藏在肩。我们看到的或许只是一个学生，培育的却是国家未来栋梁之材，就每一个家庭而言，一个孩子或许就是一个母亲的全部，是一个家庭的幸福与希望所在！因此，当遇到学生出现学习上的不理想状态时，教师的第一反应不该是责罚，而是努力寻找产生问题的原因，并且帮助学生找到方法，帮助学生进步。苏霍姆林斯基表达过这样的观点，学生成绩不理想的原因，往往与心理原因相关，但心理上的问题往往与生理上息息相关。

小磊的故事告诉我，学生的书写差只是一个表象，在这个"冰山一角"之下，我看到了沉没于水中的"冰山"。若不是小磊母亲的含泪诉说，我怎么会知晓这样一个感人的故事呢？

这样的"跟踪"很甜很美，这样的"跟踪"令我荡气回肠，终生难忘，潸然泪下。

二、一名"小战士"

小宽同学的语文成绩向来比较差。书写差，作文也常常不在状态中。班级这样的学生不少，我也没有特别关注他。但是，因为一次偶然的事件，小宽同学的语文成绩变好了，各科成绩也逐渐变得优秀起来，还成了一名优秀的班干部。

一次，我带领学生做早操。做早操时，我观察到小宽同学的做操姿势特别标准，于是在班级里表扬了他。原以为只是小小的表扬，却没想到小宽同学的动作越来越有力度了，做操时就像一名"小战士"。原以为"小战士"只是会把操越做越好，没想到他的书写也越来越工整了。

于是，我继续表扬和鼓励他。我请小宽到队伍前带领同学们做早操，没想到全班同学都越做越有劲儿了。小宽的语文成绩在突飞猛进，其他各科成绩也在不断进步，连纪律卫生方面都在悄悄改变。后来，小宽同学顺利当上了班干部。

我从未想到一次小小的"表扬"能带给学生那么巨大的能量。教师的工作是多么的平凡细小，教师的工作是多么的伟大崇高！

因此，教师，请不要吝啬你的微笑，一丝微笑不仅是盛开在你脸上的鲜花，也是长在学生心田的一颗颗种子；教师，请不要吝啬你的鼓励，一声赞扬不仅会给学生带来当下的动力，也许还能成为学生生命中至关重要的转折。

当一名学生的"内驱力"被激发了，成为一名学习"小战士"之后，他的书写困难、写作疑惑就不再是横亘在他面前的"大山"，而是能轻松越过的"一马平川"了。

三、一封小信

未曾想到有一天会收到已经毕业的芊芊同学的来信。

她在信中这样写道：老师，您的咳嗽好些了吗？我时常担忧您的身体，希望您身体健康，工作顺利！回想起以前向您评优秀少先队员的事情，我是多么的不应该啊……

读着芊芊同学的来信，心中暖暖地升起一阵感动，思绪渐渐回到了与她相处时的点点滴滴中。

芊芊是一名转学生，刚刚来插班时，她穿着整洁漂亮的衣服，以一曲《月满西楼》的歌唱做了自我介绍，她与众不同的出现方式吸引了全班同学，当然也包括我。芊芊是一名非常优秀的学生。很快，她在学校的朗诵、舞蹈、歌唱等各种比赛中崭露头角，后来还成了学校舞蹈队的领舞。经过学校的培养，芊芊还学会了粤剧，并且在全国的戏剧比赛中获得了"小梅花"奖。如此优秀的芊芊不仅多才多艺，而且各科成绩十分优秀。难能可贵的是，她非常谦虚努力，在舞蹈与粤剧排练时耽误的功课，她都利用课余时间补上来，从不落下功课。有时补功课到深夜，她努力刻苦的精神既令同学们敬佩，也让我倍感欣慰。她的作文文笔优美，细腻生动，她的语文成绩名列前茅。她是一个让我极少操心的学生。

然而，一次优秀学生的评比让我对芊芊的印象"大打折扣"。六一儿童节前夕，学校照例要表彰一批"优秀少先队员"。由于芊芊已经被学校推荐评为了"区优秀少先队员"，因此在班级学生投票选举学校"优秀少先队员"时，为了让更多的同学获得机会，便没有评选芊芊。芊芊得知自己没有评上学校"优秀少先队员"时，非常委屈地写了一张小字条给我，大意是不满意自己没有评上。当时，我便向芊芊当面解释了原因，芊芊也表示了理解。我清楚地知道芊芊的努力与优秀，但我还是坚持认为学生不应该过于在乎个人荣誉。

时光飞逝，我早已淡忘了此事。没想到芊芊竟然还惦记着，还专门写信关心我的身体健康，并且专门为"评选"的事情向我道歉。她的小信虽然很短，但她的这次"作文"是那么真切动人。

我扪心自问："那些优秀的学生，是否真的不需要老师操心了吗？在得到鲜花、掌声与荣誉的学生身上，我们是否可以掉以轻心？在一些看似公平的'牺牲'面前，是否真的可以对得起学生的付出与努力了呢？"我想，答案是否定的。一次小小的荣誉，一些微小的事件，在教师看来并不重要，但在学生心中可能是一个莫大的奖励，更可能是一场"轩然大波"。

面对每个孩子，哪怕他或她的表现是那么完美、智慧、优秀，但作为教师，万万不可以掉以轻心。因为优秀，并不意味着不需要被关注、被关爱、被理解、被尊重、被重视。也许，他或她恰恰需要得更多。

四、一次考试

接手三年级教学以来的第一场语文考试。

考试进行中，小元同学冲出了教室。我马上追到教室外面的走廊上叫住她。

我不解地问小元："你为什么要冲出教室，不继续参加考试啊？"

"考试好难啊！我不想写作文，如果要我写作文，我就想死！"小元嘟着嘴巴说道。

"想死？！"我的心里不禁一"咯噔"，有点不相信这样的话语竟然会从一个8岁的孩子口中说出来。

小元的试卷果然不出所料，没有写完，趁我不注意的时候，她偷偷地把试卷揉成一团扔进了教室后面的垃圾桶。

事态严重，但我没有表现出我的焦急，而是尽快寻找解决事情的办法。我先去咨询了小元一、二年级的语文教师，了解到小元一、二年级时在写作业或者检测中就经常会这样发脾气，然后不参加考试。之后，我又约谈了小元的家长，了解了小元为什么会有这样的行为。

原来，小元是一个对自己要求非常完美但情绪管控能力不太好的孩子，一遇到自己不会做的题目，她就行为失控了。但是，通过平时的观察，还有小元的作文，可以看出她是一个非常爱阅读、写作且很有灵气的女孩。因此，面对小元的这种情况，我选择的策略是等待，等待合适的机会给予她鼓励。

当她书写表现好的时候，当着全班同学的面称赞她；当她作文写得棒的时候，在全班同学面前展示她的作文；当她回答问题精彩的时候，悄悄奖励她一个大苹果……

渐渐地，小元不再抗拒我了，也不再抗拒做试卷和写长长的作文了。有一次单元小测试，小元考了A，她激动地跑来说："老师，老师，我再也不是班级倒数第一、第二了！我能考到90多分了！"

期末考试时，小元的语文成绩接近满分。小元悄悄地跑到我的办公桌前，对着我的耳朵轻轻地说："老师，我喜欢你！"

似一颗糖在我的心里融化开了。比起关心学生的分数，关心他们的身心状态更重要。

英国教育家怀特海在《教育的目的》一书中提道："请时刻记住学生是有血有肉的人，教育的目的是激发和引导他们的自我发展之路。"

我国教育家于漪也曾反复强调："教育教学要对准学生的心弦。语文教师教文育人，在学生世界观形成的过程中，语文教师要充分运用教材的说服力与感染力对学生思想进行有效的教育，以爱国主义精神、高尚的道德情操、坚定的共产主义信念塑造学生的心灵，教会他们识别假恶丑，教育他们在前所未有的复杂情况下，能坚持真理，坚定信念，抵制各种病菌的侵蚀。这种教育绝不是读写教学的外加，油水分离，而是把思想政治教育和道德情操教育蕴含于语言文字的教学之中，贯穿于听、读、说、写训练的全过程，因文解道，因道悟文，文道统一。不立足于育人的高度，不远瞻时代的前程，教学中就难以真正把文道统一起来。语文教师目中要有人。为了适应时代的需要，必须改革单纯传授、灌输知识的方法，着眼点要转换到开发智能、提高素质的方面来。"

在语文教学之外，还有很多与语文教学息息相关的事情。这些看似与语文学习无关的事情，其实也是学习语文的重要的一部分。关注学生生理与心理状态，激发学生潜能与内驱力，关心每一位学生的成长，既是每一名语文教师也是其他科目教师的任务。而语文学科的工具性与人文性相统一的这一特点，又让语文教师在承担这项任务时变得尤为重要。

我们相遇在"云端"

深圳市宝安区黄埔小学　吴一思

一、最美是云端

"又疑瑶台镜，飞上青云端"，云端是李白笔下皎洁月亮的归宿，美好而梦幻；"遥林梦亲友，高兴发云端"，云端是王昌龄梦中与亲友重逢的喜悦，浓情而欢愉；"鹏之徙于南冥也，水击三千里，抟扶摇而上者九万里"，云端是庄子笔下大鹏展翅而向的最终目的，逍遥而远大。

在特殊的时期，因为一场疫情，我们和孩子们相遇在网络世界的"云端"，通过空中课堂开始学习之旅。我们在字节的跳动中传输知识，在键盘上打下对孩子们的叮嘱，通过麦克风听取孩子们不一样的朗读声。云课堂、云作业、云会议、云视频……云端，是生活按下暂停键后，我们学习生活的延续。

二、最高是云端

20年前，我们还是孩子的时候，曾书写对未来的畅想：未来，我们可以不用上学，在家里就可以听讲，还有机器人给我们上课。幼稚的笔触还历历在目，如今成为现实，虽然仍在探索，不够完善。令人不禁感慨，科技日新月异，一代又一代的孩子享受着科学飞速发展带来的便利。

我们相遇在"云端"，走进了彼此。为了达到课堂的高效，为了让回答更加积极，我们和孩子们"斗智斗勇"，"大网友"的一个"赞"字的诙谐表情包，一个"你真棒"的蘑菇头，让对面的"小网友"忍俊不禁。"小网友"一个"老师您辛苦了！"表情包，是充满爱意的特殊"说再见"的方式，让"大网友"心头一暖。此时，电脑前的我们，不仅是师生关系，更是轻松的"网友"，拉近了彼此的心理距离。

我们相遇在"云端"，看见了彼此。每个生命都是独立的个体，我们透过皮囊，只要用心，就可以看见彼此的灵魂，看见那些跳动的思维、那些内心深处流动的情感。为了缓解"线上教学"的枯燥和乏累，我们一改平时的严肃，并精心为孩子们开辟了课前点歌台，一个平时没让我少操心的孩子连通了语音：老师，我想点一首《奔跑》。"随风奔跑自由是方向，追逐雷和闪电的力量，哪怕遇见再大的风险再大的浪，也会有默契的目光！"在响亮的歌声中，我重新认识了他——原来你是这样一个积极向上，具有正能量的孩子。我很欣慰，在鱼龙混杂的网络文化涌流中，看到了一束束光；在平时没有机会去深入了解的情况下，发现了他们身上的一个个闪光点。

我们走下"云端"，走进初夏的校园，校园凤凰花已经盛开，像火红的火苗在跳动。木棉花絮已飘满整个操场，蓬松轻盈，犹如我们从这次灾难中走出后，一颗颗柔软而充满感恩的心。

如今，我们再相约校园，相约在昔日玩耍的操场上空最美的云端！

师者仁心，厚德载物

深圳市宝安区黄埔小学　张　烨

2020年，我们度过了一个漫长的寒冬，曾经熟悉的生活仿佛被按下暂停键，学校也因疫情影响暂时停课。为了不耽误学生的正常学习，网络授课应运而生。教育阵地如战场，寄寓着国家、社会、家庭在疫情期间对于孩子们正常学习到知识的希望，因此我暗下决心一定不辱使命，努力将网上教学工作做好。

回顾两个多月来的网上教学，有付出、有辛劳，但收获更多的是快乐，现撷取其中几个片段和个人思考加以记录，这些也是今后人生中宝贵的精神财富！

一、我欲穿花寻路，直入白云深处

初次听到网络直播课，我内心还是有些慌乱的，虽然已经有了半年讲台授课的经历，但真的要变成"主播"还是让我有些无所适从。我该讲些什么呢？我会收获一群学生"粉丝"吗？我有的是想当好"主播"的一腔热血，但苦于不知该如何进行……在这样的时刻，我们黄埔人一如既往地展示了智慧和团结，召开了线上教学讨论会，以科组为单位发挥自己的聪明才智，广泛地收集资料、集体备课，"讲什么"的问题便迎刃而解了。

一切按原计划有条不紊地推进，当"主播"的这天也终于到来了。我带着期待和激动的心情进入直播间，可第一次网课经历简直可以称为"大型翻车现场"。当我对着屏幕面带微笑正打算滔滔不绝地讲下去时，屏幕卡了……学生们像炸开了锅似的不断在评论区询问着，我手忙脚乱，各种尝试依然搞不定，同时意识到家长们都在背后看着我，他们将会如何看待这位新来的班主任？我是该关闭直播重新进入还是继续等待，若继续等待学生们会不会更焦急？此时已经上课五分钟了，这要等到什么时候？我故作淡定地面对屏幕，内心在不断地想办法解决。大脑真的是懵了足足一分钟，最终决定关闭直播，以群里讲解加讨论的形式开展，才有惊无险地上完了第一节直播课。经过第一次失败的直播后，我意识到了凡事都应该思虑周全，我的第一节直播课就在紧张而忙乱中度过了。

二、山重水复疑无路，柳暗花明又一村

经过不断总结和练习，两周后我对网课已驾轻就熟了。旧问题刚解决，新问题又产生了，学生虽渐渐适应了网课的方便快捷，但网课产生的一些问题也随之凸显。工作日家长上班，只剩孩子自己在家，于是家里便成了自由的天堂，网络便成了欢乐的海洋……一些学生甚至出现逃课、不交作业的情况。

老师、家长都监管不到的情形下只能靠学生的定力和自觉，但只要他们发自内心愿意学习，其他问题都随之迎刃而解。俗话说："兴趣是最好的老师。"一次偶然听网课的经历让我重新注意到了"自主、合作、探究"的教学理念。这在平时线下班级教学中会经常运用，但可能仅限于讨论，而线上讨论查找资料方便、快捷，更容易形成思路清晰的研究报告，何不一试？学生在多元、有趣的问题引领下合作探究出课文的重难点，对重要问题形成书面报告，这不仅激发学生的学习兴趣，更锻炼他们的自主学习能力。思路一旦打开，这些想法便如决堤的江水一

般奔涌不绝。想法再多，还需一试，这次能有成效吗？试试就知道了！

我详细思考了线上小组讨论的关键点和注意事项，首先，组织学生分组，每组由7名学生组成，选出最得力的成员担任组长，剩下的6名学生由2名优等生、2名中等生和2名学困生组成，以便于互相帮助，共同前进。其次，我制定了讨论的注意事项和模板，以防学生讨论时抓不到重点。最后，我对组长进行了培训，组长在讨论中不仅扮演着像老师一样的监管角色，同时也充当着主持人的角色，在讨论中起着举足轻重的作用，在这一系列准备工作完成之后，线上小组讨论便要小试牛刀了。

当我看着组长们都能够肩负起使命认真组织并热烈讨论时，我突然意识到学生才是课堂真正的主角，教师更多起到的是指点迷津的作用，教师应大胆地把课堂交给学生。更让我开心的是，学生的兴趣真正激发出来了，大家自主选择讨论的问题并展开唇枪舌剑般的交流，思维碰撞出了绚丽的火花［见图1、图2］。这次经历也让我意识到之前教学的欠缺之处，更打开了我今后教学的新视角，于我可谓意义匪浅。

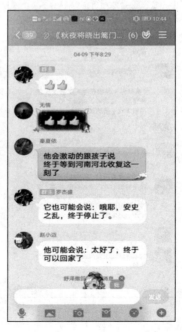

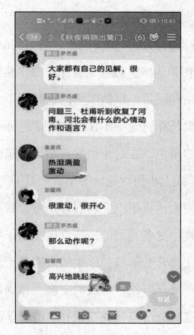

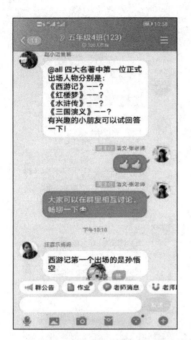

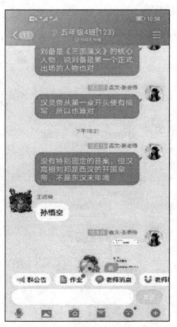

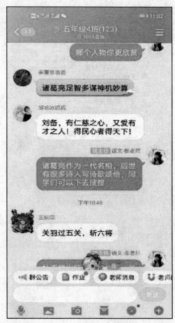
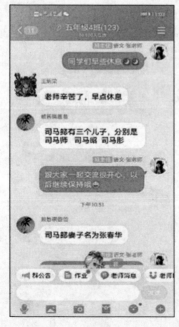

图1　线上小组讨论

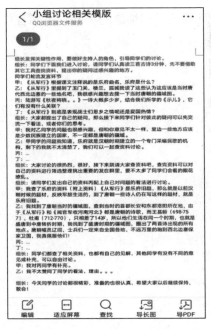

图2　小组讨论相关模板

三、师者，所以传道受业解惑也

韩愈在《师说》中曾说："师者，所以传道受业解惑也。"以前我不能够深刻体会其中的含义，这次疫情却让我对这句话有了更深刻的思考。"传道"即为人之大道，教师应引导学生成长为一个健康向上、有责任、有理想的新时代好少年，而"解惑"也定义了为人师者一项重要的职责就是为学生指点学业、生活、心灵上的各种迷津。疫情蔓延态势下，社会各界都在用自己的实际行动诠释着责任和担当，而为人师者也有自己的使命和战场，那就是继续传授知识，做学生心灵上的导师，并立足此次疫情，教给学生何为大爱和责任，什么才是一个民族真正的精神脊梁。我突然意识到了为人师者肩上所承载的责任和社会所给予的期待是什么，这份信念也足以成为我今后教师道路上的不竭动力之源。

为期两个多月的网课在不断探索、尝试中落下帷幕，相信这段黄埔人通力合作、共同努力的线上教学经历也会成为我人生中的美好回忆。期待开学之日再次见到孩子们灿烂的笑脸，唯愿各位黄埔人接下来都能够笑逐颜开、平安顺遂！

与世界联结，与你联结

深圳市宝安区黄埔小学　吴一思

2016年，我在云南昆明翠湖一隅，看着一座雕像出神：老人侧身注视着一只飞翔的海鸥，微笑着；海鸥拍打着翅膀，眷恋着，天地一片宁静。

我轻轻移动脚步，生怕惊动了这片宁静，走到雕像的碑文前，探寻老人的轨迹，"观鸥人群中有一古稀老者，背虽驼而神采朗健，言笑而面目慈祥，每日按时来饲鸥，多年不辍。久之，众人瞩目，独不知其为何许人也，乃以海鸥老人称之……"这位老人有着怎样的故事呢？我陷入了沉思。

同行的友人说，海鸥老人的故事很有名，故事还入选了小学课本。"来，给你拍张留影。""咔嚓"一声，随着快门声，老人与海鸥的故事印在了我的心里。

时隔两年，翻开所教新教材，《老人与海鸥》的课文映入眼帘，激动不已，读了一遍又一遍，直到泪流满面。"海鸥们急速扇动翅膀，轮流飞到老人遗像前的空中，像是前来瞻仰遗容的亲属……它们肃立不动，像是为老人守灵的白翼天使。"

这是什么样的人鸥情深？查阅资料，了解到老人在风华正茂之际，也曾意气风发，然而因时代际遇，经历过多次缧绁之祸，命运多舛，造化弄人，一生孤苦，走出人生囹圄，却已经是人生暮年。岁月在变，容颜苍老，一颗仁爱之心却仍未改变，并将这份对人世不渝的爱倾注在海鸥身上，由此，在天地间诗意地栖居。读罢资料，我为之动容。人生于世，诚为多艰，然则能宽容于待，不怨天尤人，淡然处之，看似沧海一粟，蜉蝣天地，实为大写之人。

此皆因与天地之物联结——与海鸥结下深厚情谊，所以老人能有所寄托，治愈心灵，汲取力量，诗意栖居。

联结，是为与世间万物产生联系。这种联系打破了时空的束缚，直达内心的深处，生于世上之人，若能找到这种联结，便可以在暴风雨中为自己建立一个心灵的港湾。

与人联结，所以我们产生了各种各样的情感，浓于水的亲情、手足情，相互扶持的友情，相濡以沫的爱情……这些丰富多彩的情感，丰盈着我们的人生，使人不至于陷入人生的荒野。吴冠中先生的那一艘"父爱之舟"，将他摆渡到人生的彼岸，在人生暮年，他像个孩子，泛着泪光追忆父爱的痕迹，闪耀着人性的光芒，谁说回归孩子心态的他不是最美的呢？

与大自然联结，我们的心胸变得更加广阔。天地宽广，山川河流，庄严温柔，大海会包容你所有的委屈，山谷再遥远，也会给你最热烈的回应。若心中抑郁不得志，那就追寻苏子的脚步，驾一叶之扁舟，江海寄余生。若"偶失龙头望"，就学李白和杜甫，走过蜀道，爬上庐山，自然万物给予你力量。还有什么委屈，天地之间不能容纳？还有什么心里话，不能说给鸟树鸣虫听？

再不然，就坐下来，与书籍联结吧！在文字中，感受文学的世界，"文学应该有乌托邦的功能"，凡人世间所缺乏者，就到文学的世界里寻找补偿。少年时代隐秘的体验，你看，茨威格书中全部都有；杂乱无序的童年时代，余华书中的人物换一个名字说的不就是你吗？那些你觉得吞噬你的孤独、迷茫，其实很多人都体验着，你并不孤单。谁说"人的悲欢并不相通"呢？《第56号教室的奇迹》中14岁的路易斯在看完《日光下的葡萄干》后默默掉眼泪，因为"它描述的就是我们家的故事"，他与文学作品产生了联结，并将自身经验与书中情节进行联结，在自我与角色中转换，由此释放出情绪。

能与之产生联结的万事万物太多太多……

这几年因负责学生心理健康教育工作，有些孩子因"心理支持力量薄弱""不懂得发泄，无法倾诉""压力过大"等原因进行自我伤害，总让我觉得心疼。如花一样的年纪，承受了太多不属于他们的痛苦，但凡能在生活中找到心灵的支撑，找到与世间万物的联结点，找到精神的寄托，也不至于如此轻视生命。

我打算把这个发现告诉学生，并告知他们通往更诗意的人生的道路。课堂上，拿着和老人与海鸥的合影讲述着这个凄美的故事，在背景音乐声中再现海鸥送别老人的情景。

我把课文中老人与海鸥产生联结的场景变换成诗歌的形式，带着学生读了一遍又一遍：

"老人/顺着栏杆/边走边放，

海鸥依他的节奏/起起落落，

排成/一片/翻飞的白色，

飞成/一篇有声有色的/乐谱"

最后，在黑板上写下"老人爱海鸥，海鸥眷恋老人"。

与世界联结，与你联结，心灵才会有归属。

不要放弃任何一只行动缓慢的"小蜗牛"

深圳市宝安区海韵学校　钟　婷

初春，校园内花草繁盛，绿荫环绕。连日来的细雨，更是带给自然以滋养。

一日课间，班上的学生突然围在班上的绿植周围，观察着、议论着。好奇心使然，我凑近一瞧，泥土上、绿叶上爬满了三三两两的蜗牛！然而我只笑笑说，不要伤害它们哟！并未把这事放在心中。可是，后来，当在花园里有孩子们捕捉蜗牛的身影、在教室里有孩子们把蜗牛养在课桌里的情景、在孩子们的窃窃交谈中有蜗牛的踪迹……

我这才觉察，蜗牛已成了孩子们的新世界。而你，就在我的眼前这么出现，小胖，你就是那只胖胖的"蜗牛"。教室内外，处处有你的身影：当同学们津津有味地自习时，你兴奋得大叫；当同学们安静地听课时，你肆无忌惮地在教室爬行；当同学们的桌椅收拾得整整齐齐时，你把柜子一个一个打开，大家用讶异的目光齐刷刷望向你，你却不以为然……我催你，我唬你，我责备你，你用仇恨的眼光看着我；我拉你，我扯你，你流着汗，喘着，你说你也想和大家一起往前爬，可你就是管不了自己。看到你无助的泪水，老师真想帮你，可当老师伸出帮你的手，转眼间，你又去"大闹天宫"。小胖，你真是一只特别的"小蜗牛"！

可就在那一天，有学生告诉我，你哭了！第一次哭得那么撕心裂肺！怎么了，小蜗牛？原来课间你和同学打闹让自己受了伤。我请来校医，询问着你的身体情况。当看到我既关切又责备的目光，你惭愧得抬不起头来。小蜗牛，你知道吗？比起你的调皮，老师更不愿意看到你让自己受到伤害。也就在这一天，你好像突然长大了！

清晨，一只有礼貌的"蜗牛"从办公室门口探出头来和老师一一问好，是你；中午，一只勤劳的"蜗牛"帮助同学分菜分汤，是你；课间，一只讲卫生的"蜗牛"捡起地上的一张张废纸，是你；虽然在课堂的你进步有些慢，但你依然以自己的节奏爬行着，小胖，你真是一只特别的"小蜗牛"！我把"蜗牛"变成班级公开的"关键词"，课上，周杰伦演唱的《蜗牛》轻声响起，孩子们趴在桌上静静听。"我要一步一步往上爬，等待阳光静静看着它的脸，小小的天，有大大的梦想……总有一天我有属于我的天。"小胖，这就是我想和你说的，不要放弃重重的壳，不要害怕阻碍与嘲笑，老师会带你一起看世界，努力往前爬！

关注每个孩子的声音

深圳市宝安区海韵学校　钟　婷

读书时，学习于漪先生的《往事依依》，喜爱文中深情朗诵《登京口北固亭有怀》的语文老师，他那深深感动的神情凝注在作者眼睛里，也深深凝注在我的心里。大学时，有幸也遇到这样一位老师，他试图把学生从"应试教育"的窠臼中解救出来，鼓励我们大胆开发自己独立、创新的思维能力。

早已耳闻苏州有一位语文名师——薛法根。可到底是何许人也，当时也未有体会。如今手中捧着这本《做一个大写的教师》，似乎了解其为人。我想，像薛法根老师、于漪先生的国文老师、大学时期的良师这样的教师，就是一个个大写的教师了吧！成为大写的教师是不容易的，它需要诸多方面的聚合；成为大写的教师又是容易的，只要有一颗对教育的赤诚之心，关注每个孩子的声音。

记得在一次语文课上，我问学生："你们爱自己的父母吗？""你觉得你们的父母爱你吗？"全班一致传来——"爱！"可是，这时却突然冒出一个低低的声音，"不爱。"虽然班上其他同学没有注意，但是我听到了，朝声音的方向望去，是他——个子不高，瘦小的身板，坐在教室前排。平日里喜欢蹦蹦跳跳，和别人在教室追赶，搞恶作剧，是只经常惹祸的"小青蛙"。

关注每个孩子的声音。带着这样的初衷，我走进了他的家。开门的是他的妈妈，她待我十分热情，可待在一旁的他却不发一言，和往常在学校调皮捣蛋的样子判若两人，默默地吃着水果，时不时地点点头。当我说起他在学校的表现，妈妈有些惊讶，她说对孩子的要求很高，每天晚上放学回家，她会亲自辅导孩子的作业，从吃完晚饭到睡觉前，语文、数学、英语都会过一遍。有时候做完功课，孩子总是站在阳台往外面看。而她最近正寻思着给孩子报一个作文兴趣班，问问我有没有什么推荐的……

从她的话中，我立马知道这只"小青蛙"如此调皮的原因了。听说语文课上的事情，妈妈又一次错愕了，难道真的是由于我管得太严了？得知妈妈是这样的一种"搀扶式"的教育方法，我便趁势建议她注重培养孩子的独立性和自主性，让孩子明白学习是自己的事。我向她介绍了班级里另外一个和她想法相似但做法却截然不同的妈妈，希望通过她们俩的交流，能够对孩子的教育有所帮助。

教育的闲适，是摒弃了急功近利后的一种自然；教育的闲适，是摆脱了紧张忙碌后的一种安静。当每个孩子的声音都被悉心关注时，教育的闲适也就融入了生活。海德格尔说"诗意地栖居"，当我们有了这份闲适，生活便会萌生出一种诗意。让我们一起在教育的绿洲上诗意地栖居！

用耐心，静候花开

深圳市宝安区海韵学校　钟　婷

教育不应该是一件急于求成的事，所以不要急。

种庄稼时要注意"时"，误了农时，将一无所获。教育和种庄稼有相似之处，必须让孩子们及时地接受教育，这是毫无疑问的。然而，人成长的"四季"绝非只有一年，人的成长季节可能要几十轮。那就没有必要一定要求他在一天之内或者三个月内能完全接受到适当的教育，并且"有效"。

当教师的第一年，我很容易着急。中国民间的教育语言中，常有"恨铁不成钢"之说，这个"恨"字形象地描述了着急的心情。刚当班主任时，每次和学生谈话，我都希望他当场表示接受我的意见，并能保证下次不再犯同样的错误。到现在第四年，我明白那不过是一厢情愿。就连教师自己对任何事情也都会有自己的思考，甚至需要一个漫长的接受过程，更何况是一个才几岁的学生呢？

有时，教师的性急会影响学生的思维判断。我不止一次地发现，对待学生，过早或过高的期望肯定得不到好的结果。三年级时，我曾不止一次地向学生强调要多阅读经典文学作品，却忽略了他们那个年纪对于文学作品的鉴赏能力有限，能够感受到的也只是枯燥乏味而已。后来通过他们年纪的增长，我发现班上很多学生的作文中开始谈论经典文学中出现的人物、名称。我才恍然大悟：你想让学生做什么，不一定要那么急切，时机未到，不如等待。小学阶段有六年，学生情况不同，也许他们有自己的见解和安排。如果能耐心等待，可能会得到更好的结果。

孙邵振先生的书中有一个故事：有个读一年级的小学生写了篇作文《我想当条狗》，这个孩子为什么想当条狗呢？他写道：和妈妈在一起，看到她胆小，我就想做一条狗保护她。有人告诉我可以去当警察，但我就是想做一条狗。教师看到这篇作文时，觉得这名学生脑子有问题，境界低。可是这孩子的解释是：当警察还得上班，不能和妈妈在一起，而当一条狗不用上班，可以从早到晚待在家里，妈妈就不会害怕了。

如果作为教师，我们能够等待他，让他把话写完整，就可以知道孩子思维的准确，就能看出孩子的天真、可爱、善良，就不会认为孩子的思想有问题了。

不是每个人一开始就能意识到这一点的，只有做母亲的，经常有这样的耐心。她信任孩子，她会等待。有位孩子的妈妈告诉我，她的孩子从小懂事，3岁时就有些让人想不到的话。有一回，客人问："如果你有两个苹果，一大一小，你把哪个给妈妈？"这类看似愚蠢的"测试"往往令人生厌，可是我们的教育经常热衷用这类似的问题"折磨"孩子。然而孩子回答说："我在两个苹果上都咬一口。"客人惊愕地唏嘘了一声："这孩子，真不懂事。"可是孩子慢吞吞地说："然后我把那个甜的给妈妈吃。"客人很羞愧，对这位妈妈说："我差一点以为……"这位妈妈笑着说："我的习惯是让她把话说完，而且可以等她，让她把话重讲一遍。"

所以，好的教育除了智慧，还在于耐心，一个孩子的成长需要多年的培育，作为教师，要有种树人那样的耐心，在平静中等待。

让学生追求诗意的人生

深圳市宝安区海韵学校　钟　婷

　　人生如果没有理想，生活如果没有诗意，或许就会变得很无味吧。但如果世上人人都理解你、接受你了，也许你已经很庸俗了。

　　关于教育的诗意，以我浅显的认知，语文教育除了教学生能正确使用母语之外，还应当有更重要的目标，那就是在创造性地使用母语和发展母语文化的过程中，懂得爱、懂得美。如果没有这样的追求，语文学科就不应称为基础学科。苏姆霍林斯基说过："我一千次地确信：没有诗意的、感情的和审美的源泉，就不可能有学生全面的智力发展。"

　　诗也许是梦，梦也许又是明天的诗，可时下的教育似乎并不想让孩子们做梦，一切都讲"实惠"。什么是"实惠"？当然是考取大学，高职高薪，享受高物质水平的生活。很多人认为高人一等，高高在上就行，这比读诗"实惠"多了。

　　我们思考问题不应当脱离实际，应当考虑学生的实际利益，这是无须争论的。学科教育不是为了考试，而是为了学生长远的甚至终身的利益和精神追求，这一点不应当有什么分歧。学生在青年时代读什么书，思考什么样的问题，将决定其一生的精神高度。教育应让学生追求诗意的人生，不仅需要诗，还应当有琴声、有树、有虹、有梦。

心急吃不了热豆腐

——课后随感

深圳市宝安区海韵学校　钟　婷

老人常言"心急吃不了热豆腐"，用以告诫人们任何事物的开花结果都有一个过程，而我们需要做的是耐心施肥，静静等候，倘若我们总是着急地期待着收成，那结局自然会是"竹篮打水一场空"。今天，这句话就应验在了我的学生身上。

科学课上，教师给每个小组发了一颗凤仙花的种子，让学生自己种植，并观察和记录种子生长的过程。学生兴致勃勃地接受了教师布置的任务，将种子埋进土里，静候它的破土而出，教室外的走廊上，小花盆里藏着他们的期待，下课铃声一响，小花盆的旁边就围坐着一群"小园丁"，他们有的拿着水壶温柔地给泥土浇着水，有的默默地端起自己的花盆，仔细地端详着藏在泥土底下的种子，恨不得从土里扒出种子看看它发芽了没有，偶然间，有个调皮的小捣蛋在走廊上追赶的时候不小心撞翻了其中一盆，霎时，泥土撒了一地，种子也从中滚了出来，随着同学的"提醒""呼喊"，种子的主人立马从教室跑了出来，略带生气和责备的口吻，可以看出他对这颗种子的爱护，他默默将泥土从地上移到盆中，又小心翼翼地将种子埋进土里。就这样，每一节课下课之后，总会有人拿起水壶给那一盆盆才刚入土的种子浇水,直至泥土变得黏稠无比,哪怕老师和小伙伴都已经提醒过这样下去,种子会因为没有空气、水分过多而腐烂,但其中有些人依旧带着急切的期盼反复地给它浇灌。

其实,那一颗颗种子又何尝不像是我们的学生呢,他们进入学校这块肥沃的土壤里,在这里,同样藏着教师急切的期盼,我们总是希望每一颗"种子"都能如期破壳而出,开出美丽的花朵。所以,当学生没有达到我们的期盼的时候,当我们自认为对他付出了很多心血,他却未曾开花结果的时候,我们也会气馁甚至责骂,但我们忽略了,其实每个孩子都是一颗有用的种子,只是每颗种子的花期不同而已。有的花,一开始就灿烂绽放;有的花,需要漫长的等待;还有的种子也许永远不会开花,因为它是一棵参天大树。

作为教师,我们应该多一点耐心,墨守流年,静候花开。

为语文教学赋能

深圳市宝安区黄埔小学　吴一思

　　冬日暖阳，南国异木棉的枝头仍然繁花似锦，硕大的粉红花朵映衬着晴空，赋予这个冬天旺盛的生命力。在这个美丽的时节，我们来到了松山湖畔，与大自然一起，共赴一场成长之约。

　　第一次见到深圳市2020"年度教师"邓玉琳，她圆润的脸庞十分慈祥，灯光映照着她蓬松的短发，翘起两边嘴角时，眼睛眯成一条缝，和蔼可亲。在她身上仿佛看到了无数个陪伴我们成长的普通班主任、平凡语文教师的影子。然而，当她谈论她的学生时，眼里散发出的光，迸发的能量却又是那么耀眼，是那么独一无二。紧蹙的眉头，继而舒展的微笑，踱来踱去的小碎步，时而激情慷慨，时而微微弯下腰娓娓道来的身姿，这美丽的教育者姿态，像极了教育与生命相融合的最初、最本真的样子。

　　"为自己赋能，让自己成为更好的自己。"邓老师如是说。

　　是啊，为自己赋能吧！"泰山不让土壤，故能成其大；河海不择细流，故能就其深。"将身边的力量都聚集起来，赋予自己能量，让孩子们在教育的丰满羽翼下发光发热，活出生命最美的样子。

　　最美的样子应该在语文课堂上！当一位语文教育者，在阅读、行走、写作中输入，内化并汲取能量，再在三尺讲台输出，去影响、熏陶、感染学生。

阅读，赋予语文课堂思想。语文教师的职业生涯因阅读而变得广阔，生命因阅读而变得丰盈。钻研学科专业知识，让我们更了解语文学科原理，掌握学科学习规律，做好学生学习的"领头羊"。琢磨心理学教育学，读读"儿童"这个特殊的群体，读懂他们狡黠眼神背后的可爱；读懂他们蹲下去后，与大地交谈些什么；听听那些迟开花儿的声音，在徜徉着什么……

广阔的文学世界，为我们展现了一个别样的视野：绘本里的童真与创造力，童话里的真、善、美，民间故事里的质朴与人文，名著里立体的人物形象和丰富的境遇……这些无不让我们的语文课堂熠熠生辉……

行走，赋予语文课堂生动。"读万卷书，行千里路。"大自然和社会人文也是一本厚厚的书啊！用双脚去丈量人间疾苦，用双手去触摸人间温暖，在天地间体会生命的渺小与伟大，感受"浮游于天地"，感受生命的尊严，感受一个个"大写的人"。

沿着古人走过的路，追寻他们的脚步，想象着自己就是他们，以此追溯古诗文里的一个个场景。在庐山中重走李白当年走过的路，"飞流直下三千尺，疑是银河落九天"，把瀑布告诉过李白的转告给孩子；站在黄鹤楼远眺，"晴川历历汉阳树，芳草萋萋鹦鹉洲"，把英雄城市里大江大河的声音带给孩子；在西湖中与桃红柳绿撞个满怀，"欲把西湖比西子，淡妆浓抹总相宜"，把江南美景唤醒起的美感描绘给孩子；若有幸能到姑苏城走一圈，"姑苏城外寒山寺，夜半钟声到客船"，和着夜的静谧，和着张继愁绪，将那千年回响融进孩子的心灵；把路上鸟儿的啁啾私语、风儿捎来的关于远方的讯息、秋天枫叶热情似火的心声、蜡梅散发的清香花语……统统都转告给孩子！

写作，赋予语文课堂情怀。"教而不思，行而不远"，有写必有思，有思必有果。将教学的所感所悟通过反思，挖掘深刻的认识，进而形成自己的认识、观念，成为自己的认知品质和独特的教学思想。

无情不动笔，动笔必有情。将与孩子们的相处点滴，教学中碰撞出的思维火花，均诉诸笔端，让感情缓缓流动，不断加深对自身所从事的事业的认识，会越来越觉得自己所从事的事业光辉、崇高、伟大，为此产生越来越深厚浓烈的感情，终生执着钟爱。怀着浓烈的情感，理性思考、寻求、确立实现自己作为教育者的人生价值方向，朝着正确方向努力奋斗，最终到达理想彼岸，实现人生价值。

当种子向往春天时，便开出了花。当你为自己赋能时，就会成为最好的自己。当我们为语文教学赋能时，教育就成了最美好的事。

浅析教师的自我定位

深圳市宝安区黄埔小学　吴一思

作为一名教师，对于自己扮演的角色，给自己的职业生涯定一个怎样的高度，影响着教师对工作的态度以及自我前景的发展，更与学生能否在其教导下健康成长有十分密切的联系。因此，作为一名教师，应该正确地进行定位。

在新课程标准中，师生关系的定位发生了翻天覆地的变化。新课程背景下"教学是教与学的交往，师生双方相互交流、相互沟通、相互启发、相互补充，达成共识、共享、共进，实现教学相长和共同发展"。教师不再是高高在上、不可侵犯的知识持有者、权威者，而是一个引导者、方法的建立者。学生也不是一个毫无生命、任人填充的"容器"，而是有血有肉、有思想的独立个体。因此，"填鸭式""满堂灌"教学模式受到人们的批判、摒弃。在新课程改革下，要求教师成为学生学习的组织者、引导者、催化者、促进者。

一、教育家如是说

教育家们在许多著作中也对教师的角色进行了阐述。著名教育家叶圣陶先生提出："教是为了不教。"这个观点传达的是，教学就是教会学生学，不是把现有的知识教给学生，而是传授学习方法，即"授之以鱼，不如授之以渔"，这是可以让学生受用一辈子的。这与新课程理念是一致的。特级教师于漪用其60年的教学经验告诉我们："选择了教师就选择了高尚。"她认为"智如泉涌，行可以为表仪者，人师也"。意指教师的智慧要像泉水一样喷涌而出，在思想和言行上起到示范作用，即教师必须是一个智者，一个学习的榜样。"一辈子做教师，一辈子学做教师"是于漪老师留给我们的启示：教师还必须是一个学习者，要不断地提高自己，即"诲人不倦首先要学而不倦"。华南师范大学教育心理学教授迟毓凯老师则在学生管理方面针对教师的角色定位提出了许多看法。他肯定了教师在学生的发展过程中扮演着"重要他人"。因为一个人的一生中，青少年时期往往是人生最美好的，是对一个人影响最深的阶段，"如果在校园生活中不开心，得不到成功的喜悦，那么意味着他在人生最美好的阶段过得不愉快，而这就有你我当教师的责任"。

二、优秀语文教师的声音

当今活跃在一线的优秀语文教师也提出了他们的看法。河北省特级教师、当代教育改革家魏书生认为，教师在教书育人的层面上还必须是一个研究者。学生是千差万别的独立个体，因此教师的工作必须富有创造性才能应对这千差万别。"教师必须是学识渊博，并且每时每刻都要开动脑筋，针对当时的情况和学生差异，创造性地处理各种问题。"从这个意义上说，教师随时都要做一个研究者，在管理上要研究学生的心理，在课堂教学上也要对学生的接受能力了然于胸。以"爱心教育"闻名的著名教师李镇西认为，教师必须是一个充满爱心的人，对学生关怀呵护；把学生摆在一个平等的位置，宽容、民主地对待学生，尊重学生的心灵自由。教育是爱的事业，教师是传播爱的信使。"感受学生的爱，为学生的爱尽自己的责任"，这是李镇西老师的宗旨。

三、现实的大多数

历来人们把教师比作"春蚕""园丁""蜡烛""工程师"。教师是蜡烛，燃烧自己，照亮别人；教师是"春蚕"，"吐尽心中万缕丝，奉献人生无限爱，织就锦绣暖人间"；教师是工程师，塑造学生的灵魂；教师是园丁，辛勤劳动培育国家的未来和民族的希望。以上诸多称号是社会对教师的肯定，更是一种期望和要求：教师必须是一个学为圣贤、无私奉献的道德楷模。然而，这也给教师带来了压力，世人会将一切社会的弊病归咎于教育而最终归咎于教师：没有教不好的学生，只有不会教的老师。于是，教师背上了诸多无端的骂名。

能够成为教育家、特级教师的毕竟是少数，大多数教师只是平凡普通的一员，他们奋战在最前线，或正在成长，或已经验十足，或已陷入僵化。询问过刚从事工作的同学、朋友，都觉得压力甚大，劳累，"为了每个学生的终生发展"在他们看来更多的是理想成分，现实中能够使大多数学生好好学习已是万幸。初时怀着满腔的爱心和热忱也被浇灭，教师角色中崇高的成分在心力交瘁下所剩无几。对于在教学道路上摸爬滚打了好几年的教师们，有些已成为一个单纯的教书匠，年复一年地重复着同样的课文、讲义，一成不变，为学生成绩、升学率而奔忙，与学生的感情交流少之又少。当然也有继续深造、有更高追求的教师。曾有一位教师，教书已有七个年头，为人妻，为人母，小县城竞争不大，发展前景不明朗，7年后依旧是一位普通的高中英语教师。于是她毅然放弃安逸的生活，重返大学校园读研继续深造。她曾戏言："我一眼就可以看到自己人生的尽头，甚至能想象自己离开世界的样子。"虽然夸张，却是一位普通、平凡的县城教师的真实心声。后来她艰难地融入大学生活，等待她的也是放弃一切后仍然未知的前程。以上都是理想之外的现实，大多数一线教师都是平凡而普通的。

教师面对的是学生，所以他们扮演的角色很大程度上是和学生的需求挂钩的。人民网教育频道曾总结出"学生喜欢的十种老师"，分别是严而有度的教师、像妈妈一样的教师、实习教师、有宽容心的教师、热爱学生的帅哥教师、温柔的美女教师、风趣幽默的教师、充满爱心的教师、以身作则的教师以及有真才实学的教师。

四、语文教师应如何进行自我定位

教师的定位应该从学生管理、教学、专业发展三个层面进行。学生管理是基础，只有管理好学生，教师才能展开教学，才能谈自己的专业发展。教学是教师工作的重要组成部分，是教师投入时间最多的。专业发展则是一名教师实现自我成长和价值的重要途径。

（一）学生管理

从现实经验方面来说，较之其他学科的教师，语文教师做班主任的概率更大，与学生的接触就相应地多一些，语文教师自我定位的要求更高，因为除了教学更要管理之外，扮演的角色更多。在管理上，教师的角色定位要分情况讨论，小学生和中学生在心理与生理上有不同的特点。在心理学上，有"重要他人"的概念，即在一个人心理和人格形成过程中起着重要作用甚至决定性作用的人物。运用到教育领域中来，教育要收到良好的成效，教师应该成为学生成长中的"重要他人"。小学生刚脱离父母，心智尚未成熟，所以在这个阶段，他们对教师是十分崇拜和依赖的。因此，小学教师一定要有个教师样，不仅要注重仪态，还要担当一定的母亲角色，多关心、呵护孩子，做他们的主心骨。中学生处于心理学上所说的"暴风骤雨"期，充满叛逆，对父母和教师的权威提出挑战，他们更看重的是友谊。因此，中学教师只有选择和中学生做朋友才能管理好学生。教师要有能力会绝招，做学生的挚友、诤友；要有活动善分享，真诚够意思，做学生的知己好友。

（二）教学层面

在教学层面，教师应该始终秉承"教书育人"的宗旨。以语文教学为例，最基本的是教会学生听、说、读、写，能自如地运用民族语言文字，学习语文就是要使学生牢牢地掌握语言工具。语文教学的首要任务就是教会学生使用语言，包括使学生学会理解和自我表达语言、学会用语言来进行交际、学会积累语言。但是，教师不能把文本条分缕析，弄得支离破碎，把语文课上成纯粹的工具训练课，如果语文课上没有审美教育，没有情感陶冶，没有心灵触动，那么语文教学的人文教育功能就得不到发挥。

（三）专业发展

在专业发展上，教师应该是一个不断追求自我发展的学习者。首先，教师要经常阅读，苏霍姆林斯基在著作《给教师的一百条建议》中就十分强调这一点："教师的素养主要取决于教师的读书。"只有阅读，才能开阔视野，才能更好地把握课堂。其次，教师要学会反思，正如叶澜教授所说："一个教师写一辈子教案不一定成为名师，如果一个教师写三年反思则可能成为名师。"只有反思才有进步，这是不言而喻的道理。最后，教师要做一个研究型的教师，要勤于思考、求异创新，细致地研究教育现象，敏捷地发现问题，深入地思考，具备良好的创新思维品质。

综上所述，教师不应该只是单纯的知识传授者，更是学生的朋友，应成为学生的人生领路人；教师在自己的职业生涯上应是保持积极进取的终身学习者，这既是教师永葆职业生涯活力的重要途径，也是所有学科的共通点。具体到不同的学科应有不同的具体要求，这需要教师在实践中不断去总结、摸索。

参考文献

[1] 刘付松.教学改革中语文教师的文化定位与情感定位 [J].时代报告(学术版),2011(3):107.

[2] 中华人民共和国教育部.基础教育课程改革纲要(试行)[Z].教育部,2001.

[3] 王如意.课改背景下教师的社会定位和自我定位(报告会讲稿)[R].上海:华东师范大学,2008.

[4] 迟毓凯.学生管理的心理学智慧 [M].上海:华东师范大学出版社,2012.

[5] 熊辉.新课程背景下中小学语文教师角色转变及素质培养的现状调查与对策探讨 [D].南昌:江西师范大学,2005.

以教师之名，与学生一起前行

——读《做个书生教师：一个特级教师的
成长随笔》有感

深圳市宝安区海韵学校　钟　婷

在每个人的心灵世界里都住着一个儿童。小时候，我最喜欢的事就是学着教师的模样给同伴们上课。从那时候起，教师梦就如同一颗种子在我的心中生根发芽。

忘不了学生生涯中，每一个曾给予我教导与启发的教师。如今，我也成为一名站在三尺讲台的教师，我对"教师"这个名称也有了更深的理解，它代表着责任、奉献与不求回报。

以教师之名，打开周益民老师的这本《做个书生教师：一个特级教师的成长随笔》，我的心里洋溢着无限的喜悦。本书收录了作者从教以来的教育随笔60多篇，既有对课堂精微地省察，也有对日常工作中的人性细节深情地叙写，还有诸多教学之余的生活游历以及人生的感悟。从这本书中，我感受到了周老师对于教育事业的热爱。能保持一份教育情怀，能葆有童心，倾听孩子的心声，做孩子的同路人，时常反思，持续学习，做个纯粹的教育者，这是难能可贵的。

书中提道："阅读，是成长的精神食粮。"我特别敬佩的是周老师对于儿童书籍广泛的阅读，而这恰恰是我所欠缺的。他不仅读书多，而且与诸多作家交友甚广，他可以说是一名阅读写作型的语文教师，功底深厚。在他的文字中能感受到一名老师柔软的、细腻的、纯良的内心，都是童话故事、美丽的文字浸润的。如果只是教会某一个技能，无论学生赚多少钱，几年、十几年后就会忘记自己的老师。如果教会学生读书的方法和习惯，在很久很久之后，甚至30、50年之久，在某一个晴朗的午后，在惬意的时光中，他们一定还会想起教过自己的那位老师，我想老师一定会有感应，会是甜甜的幸福感。教书育人，教会读书……这样就足够了。

为人师已有4年，在这4年的教师生涯里，有泪水、有欢笑、有沮丧、有欣慰。学生在成长，我也在成长。当看到升旗仪式时学生的庄严肃穆，我想我是成功的；当看到学生恭谦有礼时，我想我是欣慰的；当节日收到学生的祝福时，我想我是幸福的……这三尺讲台虽小，却是我坚守初心的"考场"。

书生气，现在人认为是傻气。可我觉得书生气是内心住着孩子的一份纯真之气，是浸没书香的气息，是灵魂深处明朗的豁达之气。做一名书生教师，阅读沉淀，带给学生更多知识的同时，让学生也爱上阅读，我始终相信语文对于一个学生的影响深远，也始终相信阅读对于一个人的人生影响深远。最是书香能致远，在阅读的道路上，我会以教师之名，与孩子们一起前行。

以细节积淀教育力量

深圳市宝安区海韵学校　钟　婷

当翻阅到《教育的细节》这本书时，立刻被朱永通先生温暖、朴实的文字所激励，书中的一些故事犹如发生在自己的昨天，读时有重回学生时代之感。平时一些萦绕在心头的疑问也在书中的案例中得到解答并深深认同，我在心中暗暗对自己说：教育，要在细节处慢慢积淀属于自己的魅力。

你是一个会管学生的好教师吗？这是我经常问自己的话。朱永通先生也在书中提到了这个令我"敏感"的话题。"孩子们在课堂上的常规纪律经常让我头疼，我不知道该用什么方法管住他们。"在新教师培训交流会上，我提出了这个困惑，寻求老教师的帮助。因为学生在课堂上的常规纪律直接影响着课堂教学的效率，由于面对的是一年级刚入学的孩子，我在尝试了多种方式后依然没有看到课堂常规有显著进步，几经沮丧。但读了《教育的细节》之后，我试着从书中解疑，我明白了教育不仅要有爱，还要有方法，要让爱具有教育性，爱让学生如沐春风。这也和老教师告诉我的方法异曲同工，那就是要做一名有智慧的教师，学会有智慧、有方法地管理学生。

智慧管理体现在细节处。用心去观察学生，用心去思考、总结学生，多琢磨一些"降伏"学生的"土办法"，我想，这就是教育的细节吧！杨绛先生的"土办法"对我很有启发。因为她让每一个孩子都感受到老师是爱自己的。因此要想管好学生，首先要做到的就是用心去了解我的学生，去爱学生。爱学生不仅是一种教育力量，更是一种教育手段。"世上无难事，只怕有心人。"当面对一些自己认为难管的学生时，我不妨反问自己，到底我对他们付出了多少"心血"？找他们谈了几次话、做了几次家访工作、采取过几种教育措施或方案、差生的辅导工作计划有没有他们的名单等。每位学生都有自己的优点和优势，一名好教师就是要把学生的这些优点和优势加以引导并发挥出来。因此我会把这样的"细节"运用到我的实际工作当中，少讲些空头道理，多关注学生，以智慧的、发展的眼光看待学生。

于漪先生在《教育魅力》一书中提道："魅力是以个人的文化修养为底蕴的，魅力的形成是个长期的过程。"因此，教育上的细节恰恰体现了我们教育魅力真正的积淀，一处处细节就像一点点星光，经过慢慢地积淀就会凝聚成耀眼的光芒，那正是教育魅力的光辉。

以心交心，以爱获爱

深圳市宝安区海韵学校　黄丹霞

"升旗仪式有什么好看，动画片才好看。"小贝的话一出，随即引来了笑声和讨论。一堂课下来，这是他第四次扰乱课堂秩序。看着他歪扭的桌椅、掉在地板上的作业本和桌面上还未打开的语文书，我终于忍不住了，一脸严肃地说："你给我站到讲台上去。""不要！"小家伙大声反抗。这时，我更来气了，正准备把他拉上讲台，下课铃却响了，我只好作罢。

坐回自己的办公椅，我越想越生气：总是小贝，每天违反出操纪律；总是小贝，整天扰乱课堂秩序；总是小贝，带动同学插嘴讲话……其他孩子都很乖，而他却带坏整个班级。我批评他，他无动于衷；我表扬他，当下他能做好，没多久又"打回原形"；我跟他谈心，他满口答应要做好，可一转身就忘了……对他我简直束手无策。

"他有多动症，他也控制不住自己啊！"脑海里一个声音传来，我渐渐冷静下来。"是啊！多动是生理的问题，不是孩子不想做好，不是孩子不想得到老师的表扬，是他自己都没办法控制自己、管住自己呀！"想到这些，心疼早已取代了刚才的怒气。

"孩子才一年级，绝对不能放弃。"抱着这样的想法，我一次次拨通小贝妈妈的电话，了解他们与小贝的沟通方式，及时交流小贝在家、在校的表现情况。

"好孩子都是夸出来的。"抱着这样的想法，我抓住一切机会肯定小贝的优点和进步。他每天到校都会第一时间向我问好，我便在全班同学面前夸赞他的礼貌；他每次值日都干得很起劲，我便当着他妈妈的面称赞他爱劳动；他站队列的时候话少了，站得更直了，我便走到他身边表扬他的耐力和毅力；他上课举手发言了，我当即给他表现的机会，无论他回答得正确与否。

"希望孩子优秀，就多给锻炼的机会。"抱着这样的想法，我让小贝当男生队伍的"领头羊"，每次放学排队，都让他在前面带领队伍。有了表现的机会，小贝在队伍里越来越遵守纪律，排队速度越来越迅速，踏步也越来越认真，姿势也越来越标准。趁着这样的好势头，我还让他担任体育班长，协助教师管好出操和体育课时的纪律。因为成了小班干，他渐渐试着约束自己，做好自己，再管理其他小朋友，小朋友们都对他刮目相看。

……

又是我的语文课，"都大半个学期了，你们还不懂得举手发言，总是插嘴，你们48张嘴，每人说一句，老师说得过你们吗！"我在讲台上生气地喊道。看着这些小学生，我满是无奈。这时，耳边却传来了稚嫩无邪的声音："老师，您别生气，我们听话就是了。"我又惊诧又感动，这给我安慰的不正是以前最让我头痛、最让我心烦、最让我闹心的小贝吗？我看看他，他正端端正正地坐着呢！

苏联教育家马卡连柯说："没有爱就没有教育。"对小贝的教育，让我对这句话感触更深了。每位学生都是活生生的个体，你的心思他们都能感受到。你付出了真心，他们就会报以实意；你付出了关爱，他们就会报以真情。爱是教育的基础，用爱才能换取学生的进步与成长！

一张小纸条

深圳市宝安区黄埔小学　吴一思

　　记得学生时代，刚踏进大学的校园，走进师范班，系学生会主席送了一句话给我们在场的每一位师范生："学高为师，身正为范。"他希望我们每一个人在踏进校园的那一刻就要记住自己将来的身份，是一位人民教师，要努力储蓄知识，学有所成。要给学生一杯水，自己得像一个水龙头一样，能源源不断地输送水给学生。在行为上，要以身作则，做好表率，给学生做好的示范。自那一刻开始，这短短的八个字深深地烙印在我心里，时刻要求自己将来要做一名合格的教师。

　　在华中师大几年里，遇到了很多优秀负责、德高望重的教师，他们的博学多才、为师有道令我敬佩。给我印象最深的是一个冬天的下雪天，地湿路滑，年迈可敬的王先霈老师，头发花白，行动不便，仍坚持来给我们上课，全班同学都十分感动。他的行动给我们解释了什么是为师之道，我们能想到这不是特殊情况，而是几十年如一日的坚持。这种敬业、负责的精神一直激励着我。

　　如今我已经从象牙塔走出来，走上教学岗位，这两三个月的酸甜苦辣，各种滋味，都一一体验了。回味起来，虽然有说不尽的艰苦，但更多的是感动，是收获。

刚走上工作岗位，我就接手一年级学生，从未有过低年级教学经验的我瞬间蒙了，而且是一年级，心中各种恐慌、不安……一年级的学生啥都不会，连坐都坐不好，没有纪律，没有上课的概念，他们懵懵懂懂，我也是懵懵懂懂，我可以胜任这项工作吗？在无数的自我怀疑和惶恐中，我接过了一（5）班班主任的棒子，稀里糊涂地干了起来。

果然不出所料，班里出现了各种状况，一会儿觉得自己像保姆，一会儿觉得自己像是警察，更多时候觉得自己像他们的妈妈。学生的问题也五花八门，上课坐得东倒西歪，老是过桌位，互相打小报告，哭着不肯上学的，尿裤子的，忘带书本的……

最让我头疼的是一个小学生，长得瘦瘦的，脑袋小小的，有两只水汪汪的大眼睛，动作很慢，安静地坐在自己的座位上，总是无辜地看着你。一开始我看他很安静，以为他很听话，很乖，很懂事。可是接下来发生的一连串事情，让我对他哭笑不得。开学第一天，他上厕所，竟然不会解裤带，上厕所都上不了，哭着跑来我面前，上完厕所又不会系回去，又哭哭啼啼地提着裤子来找我。我满是嗔怪："怎么不会系裤带呢？要学会再来啊，你已经是一个小学生了，自己能做的事情要自己做。"不料他满脸委屈，慢悠悠、细细地说道："妈妈没有教过我。"我哭笑不得：孩子，你已经6岁了呀……

我以为他的事就这么一茬了，不料又状况百出。开学已经有一段时间了，一次上课，我在讲台上讲得唾沫横飞，挥汗如雨，他在下面整个人瘫在椅子上睡着了，嘴角还流着口水！我走到他面前，看着他睡得很香的样子，啼笑皆非：孩子啊孩子，你什么时候才能进入开学的状态呢？

好不容易适应了上学的时间，上课不打瞌睡了，好事。但是，他似乎开始活跃起来了，和周围的同学熟悉了，觉得挺好玩，嘴巴就一直哇巴哇巴跟同桌说个不停。我给他使眼色，他立马坐端正，但是一转头，他又开始了。上课表扬，批评，各种哄，还是管不住自己，反反复复。下课找他谈话，推心置腹，跟他说清楚上课的纪律。找他同桌，苦口婆心劝，终于有些效果，自觉无趣，也就不讲话了。

正当我松了一口气时，他又有状况了：没人跟我讲话，那我就自己玩自己的。带来一个坏的手表，可以一节课摆弄手表带，这里摸摸，那里拨拨。老师敲一下桌子，坐端正一阵子，而后他又埋下头沉浸在自己的世界里。还有各种玩具，甚至一个橡皮擦都可以让他玩一节课，就是不听老师讲课。我心力交瘁：孩子，你什么时候才能不让老师操心？

我安慰自己，也许是他还没进入学习状态，给自己一点时间，也给他一点时间吧。就这样，一直与他打着疲惫战，熬过了一个月，单元测验来了。预料之中，他考了可怜的31分。想到他平时的表现，看着他那低得可怜的分数，深深的挫败感将我淹没了，我开始对自己产生了怀疑：我是不是真的不适合做教师？我的用苦良心为什么一点儿都得不到回报？在消极和疲倦中，我流下了委屈的泪水。

在深夜里，我回想起我的老师们，想起了王先霈老师在文学院给我们上课的情景，外面白雪纷纷，一片素净，教室里白发苍苍的他将手插在口袋里，一字一句慢悠悠地说着，咬字清晰，没有丝毫马虎。白色的热气从他口中呼出，行动不便的他还坚持在黑板上写字，工整有力。我还想起了毕业之前谭邦和老师对我们的谆谆教诲："为了每一位学生。"这些言教身传，不敢忘，不能忘。

于是，我重新鼓起勇气去处理这个棘手的学生，向有经验的前辈请教。联系家长，与其沟通，了解情况，还当面给家长指出孩子的情况。放学后留他下来，给他补习。家访特地去了他家。在家访的时候，跟他一起回家，一路上跟他聊了很多。经过了解，我才知道，他爸爸在外地工作，每天下午4点多放学后，他都是一个人回家，然后独自在家看电视、写作业，直到6点妈妈下班回家。我惊呆了：这么小的一个孩子怎么可以那么懂事？不哭不闹，也不害怕。这样的孤单，我不禁有点心酸。我发现，他学习不好，不是因为笨，而是没有人指导他。他管不住自己，行为不好，是因为没有人耐心地教导他。那天下午我和他妈妈谈了很久，希望她重视孩子的成长，给孩子多一点关注和关爱。在课堂上，我也采取了多提问的方式督促他学习，并且及时表扬和鼓励，还调了一个学习行为表现很好的孩子和他一起坐。慢慢地，他进入了学习状态，行为表现也开始好了起来。两三个星期过后，可喜的成果出来了，考31分的他在一次测验中得到了90分的好成绩。在一次课上，当着全班学生的面，我给他竖起了大拇指，他咧开嘴笑了。

一天早上，我刚来到班里，他就飞奔过来，给我递上一张小小的纸条，打开一看，只见一排稚嫩的文字，歪歪扭扭，像站不稳似的：吴老师，你辛苦了，我会努力跟上学习的。看完我把它小心地折好，揣在口袋里，心中泛起无数涟漪，涟漪瞬间又汇聚成海浪，拍打着我那颗有些许干枯的心，鼻子酸了。

一张小小的纸条，一张十六开纸的四分之一大小，却承载了太多太多的内容，胜过一切语言和荣誉，我第一次体会到了做教师的幸福！

走近一颗心，静等一花开

深圳市宝安区海韵学校　黄丹霞

桂香袅袅，弥漫在金秋的校园。小嘉正拿着画，兴高采烈地给我指认他的最新画作，我看着一脸阳光的小嘉，听着他兴奋的声音，不由得暗喜：终于等到你！等到你心灵沃土花开的一天！

记得两年前见到小嘉，小家伙眉头紧锁、闷闷不乐地藏在新生队伍的最后面，初出茅庐的我没有看出任何端倪。没想到，才开学几周，这孩子就出了各种状况：上课不听讲，玩文具；上课随意走动，故意打扰同学；课下在教室外面疯跑、大叫……"怎么一年级的孩子可以如此调皮？"每次接到投诉，我都对这"捣蛋鬼"严厉地训斥一顿。

又是一次开完会回到教室，一进门，就看见小嘉全然不顾正在上课的教师，正低着头在纸上乱涂乱画，还不时哈哈傻笑，桌椅底下满地纸屑。我忍住怒气提醒他，他却恶狠狠地瞪着我，不满地冲着我叫唤："总是说我！我又怎么了？"听到他对我的顶撞，我二话不说地没收了他的纸，并立刻拨通了他爸爸的电话。我痛诉着孩子的种种恶行，只听见他爸爸无奈的话音："老师，该怎么罚就怎么罚吧，我们也束手无策，这孩子有点……特殊，从小就自闭。"听到这个回答，我非常震惊！原来，我从未好好了解这个孩子；原来，我一直用最简单、粗暴的方法对待这个特别的孩子。任小艾说："教师是在学生心灵深处耕耘的人。"而我，在不了解孩子的真实情况下就给孩子贴上"捣蛋鬼"的标签，又怎么谈得上走进孩子的心灵呢？

从那以后，我试着小心翼翼地去触及小嘉的心灵，和他聊他最喜欢的课外书，和他玩拍手歌，让他试着走出自己的世界；我也试着让他受到榜样的影响，给他安排一个学习伙伴……想不到，原本不愿意和人交流的他，竟主动找同学聊天了。

本以为情况会越来越好，却又收到科任教师的投诉，因为老师没及时提问积极举手的他，小嘉又在课堂上哭闹不止。在抱着他安抚的时候，他啜泣地说："老师是不是不喜欢我，所以不提问我？"这时，我才深知孩子多么渴望得到关注和理解，我才明白哭闹是情绪容易激动的他控制不住的表达方式。我拿出《窗边的小豆豆》，温柔地说："老师喜欢每个孩子，每个孩子都有表现的机会，但是课堂有纪律。如果你也能遵守，老师就把这本书送给你，好吗？"他摸了摸书，点了点头。

"教育，离开对心灵的触动，就不可能有成效！"亲爱的小嘉，我庆幸，我听到了你的心声；我庆幸，你感受到了我的诚心；我庆幸，我在守望中懂得了宽容和耐心。

桂花飘香的季节，你和同学合作学习，你帮老师收发作业，你的笑脸像花一样绽放在我的心田。